Empowerment, Totalitarianism and Catastrophe in Sudan

Professor Dr. Issam A.W. Mohamed

DEDICATION

I dedicate my book to my great father Abdel Wahab Bob, the lawyer who passed away on the 28th of April 2013. He lived his fighting for freedom and defending the poor our totalitarian tormented country, Sudan.

His death was because of deteriorating moral and professional health regime in a most expensive hospital compared with the African standards

That did help him much

Inexperience, arrogance and pure ignorance caused his death

Health collapse is not different in a country where everything have collapsed.

A totalitarian regime destroyed every institution to build its empowerment authoritarianism

The result is visible in the annihilation and disintegration that took the country in all its possible activities

I cry for my friend and companion

I cry for my country

Empowerment, Totalitarianism and Catastrophe in Sudan

Professor Dr. Issam A.W. Mohamed[1]

1. Abstract

Empowerment in democracies is presumed to be for and of the people. Food security, freedom to speak and write, jobs generation, adequate health services, etc. However, under totalitarian regimes it seems to be solely directed towards selective regime's cadres, piling state resources, corruption and heavy handed rule. Sudan has endured long years of austerity and economic crisis, during short democracies and long-termed dictatorships. The discovery of oil in the country was a golden chance that was missed to substantiate social and state cohesion. The current regime has declared the principles of empowerment, but the motto was central to specific echelons. The pristine religious flag was raised, not for an application, but as a totalitarian tool. Constitutional rights, institutional structures and humanitarian basics

[1] Professor of Economics, Alneelain University, Khartoum-Sudan. P.O. Box 12910-11111.

issamawmohamed@hotmail.com

were ignored. Transparency in resources management and public administration was totally absent. Subsequent institutional interregnum was evident and the result was unprecedented legalized corruption that engulfed the whole state and became the seed of demise. The regime seems to have lost the momentum with the undeclared negative resistance and hidden anger. The Southern region referendum result was an overwhelming ballot of selecting secession. The strong winds of civil conflict threatens the country' structure because of the collapse of its superstructure and loss of credibility and demise looms with the weak economic productive base the impacts fall on income.

Authoritarianism in Sudan have resulted in collapse of visible characteristics of the state. Since the beginning of the year 2013 that was apparent to all, people, governmental institutions and the military services. Food security became an illusion and chaos controlled the country. The secession of the country's southern part was a direct result of despair of the Southern people from gaining their legal rights. The scenario is repeated in the western and eastern parts of the country. The future seems bleak and total national disintegration is eminent.

2. مقدمة

دخل الإسلام السودان بطرقه العديدة، شرقا عبر البحر الأحمر وغربا من غرب وشمال أفريقيا ومن الشمال بزحف عبد الله إبن أبي السرح وتأصل في أقاليم السودان المختلفة. قامت الدويلات والممالك والسلطنات وكان عنوان حكمها هو الإسلام. وسيادة الدين الحنيف وتأسيس الدولة الإسلامية كان حلم غالبية من السودانيين شمالا وشرقا وغربا. وهذا لا يختلف عن أطروحة أحمد (1987) في عمومية هذا الحلم وسط مجتمعات الإسلام.صحيحاً أن الدولة المهدية هي أول كيان جمع السودان بحدوده الجغرافية المعروفة الآن تحت راية الإسلام ولكن هذا لا ينفي أن هناك محاولات سبقتها في حدود أصغر[2]. وما تلي من إعادة إحياء المهدية والأنصار في صورة حزب الأمة الذي بذل فيه الأمام عبد الرحمن المهدي كل ثروة ونفيس ليست بعيدة عن الأذهان. ولكن شكل حزب الأمةبقيادته كان يحمل صورة أكثر إشراقاً وقبولاً لأغلبية من أبناء الشعب السوداني كما برهنت صناديق الاقترع في الديموقراطيات المؤودة. بعد الاستقلال كان هناك جدل كثير عن شكل الحكم. وحتى النصف الثاني من ثمانينات القرن الماضي، كانت أطروحة الدولة الإسلامية المعاصرة في السودان سجالا نظريا متجددا، نشط في موازاة نقد الدولة الوطنية باعتبارها وريثة الاستعمار في قوانينها وفكرتها وبنيتها الحديثة. وهذا دفع الحركة الإسلامية السودانية إلى خوض غمار النشاط السياسي مبكرا. وقد غيرت إسمها وأعادت هيكلة بنيتها مرات عديدة إتفاقاً مع متغيرات الواقع السياسي حتى تمثلت قبل انقلاب الإنقاذ في الجبهة الإسلامية القومية. ولكن الحراك السياسي لم يكن نتيجة للواقع السياسي السوداني، بل كان بسبب تنافس

---

[2] Ahmed, I. (1987) The Concept of an Islamic State: An Analysis of the Ideological Controversy in Pakistan. London: Frances Pinter.

خفي وتحدي عجزت عن الاستجابة له الحركة الإسلامية الأم أي حركة الأخوان المسلمين. ذلك بعد الضربات التي أصابتها على يد السلطة السياسية في مصر وعجزها عن الوصول إلى السلطة والتغيرات علي الساحة التي نتجت عن ما جسدته الثورة الإسلامية الإيرانية. وفي ذاك الحين لم يكن هناك ربط بين الرؤية الاستراتيجية للعلاقات الدولية وبين التغيرات في الساحة السياسية مع دخول الإسلام كمتغير مؤثر على توازن القوى في العالم. وفي ذلك الوقت كانت الساحة مشهدا للحرب الباردة والاستقطاب الذي صاحبها كان مانعا استراتيجيا من اختبار أثر تطبيق الأيديولوجيا الإسلامية كنظام لدول يمكن أن تحكم بالشريعة الإسلامية. ومنع اظهار ضعف الكيانات السياسية لدول المنطقة الذي انكشف بصورة جلية مع انهيار نظام القطبين وظهور ثورة المعلوماتية والاتصالات في عقد التسعينات.

تسبب تطبيق حكم إسلامي في المنطقة كما حدث في إيران في ذهول وتوقع لآثار نشأت عن ذلك التحول الجذري وما يمكن أن يجره من تغييرات في النظم الحاكمة في المنطقة الحليفة للغرب. ومستوى استحالة هذا المشروع في ظل تخلف المسلمين من ناحية والظروف التي تحكم علاقات العالم الحديث وموازين القوى فيه كان كبيرا. والحجج النظرية والشرعية كانت تمنع من استخدام العنف والقوة مثل الانقلابات العسكرية حتى من أجل تطبيق الشريعة. وكان التنافس مع الحركات الإسلامية الأخري الإخوان المسلمون في مصر والجماعة الإسلامية في باكستان إغراءً كبيراً للنخبة الإسلامية الحديثة ألهم الحركة الإسلامية السودانية. وبالتالي بدأت تحوير أجندتها السياسية الإسلامية وتأهيل أعضائها لما يأتي به المستقبل وكان منهجا أهل بهالعديد في صفوفها وميز معظم قياداتها وعلى رأسهم حسن الترابي. واسم جبهة الميثاق الإسلامي أطلقته الحركة الإسلامية السودانية على نفسها خلال عقد

الستينات. وهو له علاقة بأطروحة الدكتوراه الجامعية في السوربون، فرنسا للدكتور الترابي والتي حملت مدلولا كبيرا : سلطات الطوارئ في القوانين الأنجلو ساكسونية والفرنسية : دراسة في القانون المقارن. وهذا يفسر إنصراف تلك القيادة عن الانتباه إلى الحيثيات النظرية بخصوص أسلوب تغيير نظام الحكم. بالإضافة إلى هذا فلم يكن هناك إستقراء للأزمة التي يمكن أن تنشأ من قيام دولة إسلامية في واقع اجتماعي ودولي شديد التعقيد. هذا حرك عوامل تسببت في فشل مشروع الدولة الإسلامية وانتشرت إلي النسيج الاجتماعي وكيان الدولة الوطنية نفسها. وتطبيقات الحدود أنتجت حروب أهلية وكوراث وأزمات وتمييز وهجرة. وهذا ما حدث عند التطبيق في عهد نميري. والبنية الحالية أهملت الشروط التاريخية والموضوعية للعالم الحديث والتخلف كما ينعكس في فكر خطاب التيارات الفكرية والسياسية المختلفة في المنطقة. هذه كانت السبب في فشل ذلك المشروع وهي في تأويلها عبرت عن طبيعة الرؤية المعاصرة في كل قضايا الفكر الإسلامي المتصلة بالواقع.

3. البنية المؤسسية وأزمة الحكم

عندما أعلن نميري أحكام الشريعة كان يصاحبها وجوب بيعته التي أعلنها كل من كان في الركب، وأولهم حلفائه في الجبهة الإسلامية. كان نظام نميري دكتاتورية عسكرية صريحة حتى سبتمبر 1983. ولكنه عندما أعلن قوانين سبتمبر كان الهدف أن تقرن دكتاتوريته بالشريعة الإسلامية وفرض قيام دولة دينية علي أساسها تستمد شرعيتها وتستظل بقدسية السماء. أما عن موقع نميري فكان يرتكز علي بيعة الأمام. وتم تعديل الدستور ليستوعب هذا في 10 يونيو 1984 تحت المبادئ الآتية :

1. دورة الرئاسة تبدأ من تاريخ البيعة وليست محددة بمدة زمنية وتترجم إلي رئاسة مدى الحياة،

2. لا تجوز مساءلة أو محاكمة رئيس الجمهورية،

3. أن رئيس الجمهورية مع الهيئة القضائية مسئول أمام الله.

لا تبدو الشروط السابقة كأنها مستمدة من الإسلام، وإنما تشبه النظم الملكية وعلي الأخص الأوروبية القديمة. وهي متمثلة في إصباغ الحق الإلهي علي الحاكم وكأن الحاكم هو الأمة مثل قول لويس الرابع عشر أنا فرنسا[3]. وكان إستيلاء نميري علي السلطة كامل ولكنه استمد ذلك من بيعة أفراد وليس مشورة الأمة. والتغير الذي ابتدعه في النظام جاء بعد أن ضاق صدر نميري بنمو الحركة الجماهيرية والمطالبة بتحسين الأوضاع المعيشية وغلاء الأسعار وإلغاء القوانين المقيدة للحريات. وكانت هناك إضرابات المعلمين والفنيين والأطباء والقضاء وانتفاضات الطلاب. وكانت تلك الفترة حالكة السواد في تاريخ البلاد تضاعف فيها القهر والفساد والجوع والغلاء وضرب الجفاف والتصحر السودان. حينذاك بلغت ديون السودان الخارجية 9 مليار دولار. وفاق عدد الأيادي المقطوعة في ستة أشهر عدد الأيدي المقطوعة في كل عهد الملك عبد العزيز، أي ربع قرن. وأعدم محمود محمد طه بعد نفض الغبار عن أحكام الردة 1968 لمعارضته قوانين سبتمبر ووصفها بأنها أذلت الشعب السوداني. وانفجرت حرب الجنوب بشكل أعنف من الماضي وكانت انتفاضة أبريل 1985 التي أطاحت بنظام نميري. وبعد الانتفاضة استمر الصراع في ما إذا كانت الدولة ستكون مدنية ديمقراطية أم دولة دينية. ودافعت قوى الانتفاضة عن مدنية وعقلانية الحياة السياسية والدولة ضد اتجاه الجبهة القومية الإسلامية لفرض قانون الترابي الذي يفضي للدولة الدينية. وتمت هزيمة مشروع قانون الترابي ولكن تنظيمه وفعاليته لم تهزم، بل قوي ساعدها حتي وصلت إلي انقلاب الإنقاذ.

[3] Je Suis France.

ألغيت الدولة المدنية والمجتمع المدني والحقوق والحريات الأساسية وأقيمت ما تسمى بالدولة الدينية. هذا يستوجب السؤال عن مفهوم شرعية الدولة في فلسفة الترابي إذ أنها لا بد من أن تستمد من تفويض الشعب لها كحق إنساني أصيل وعقد اجتماعي يخولها وبذلك يمكن أن يحكمه. وحسب جيس (2001)[4] فإذا ما انتهكت هذه الحقوق فإن القاعدة الأيديولوجية للحكم نفسها تنعدم. وقد تصل إلى ما يمكن تشكيله نتيجة لموجبات الواقع والخلفيات الموروثة من الاستعمار للنمط القمعي للدولة الوطنية وهيمنة الاستقطاب الدولي ولكن ذلك يرتبط أيضاً بضرورة تعجيل قيام الدولة الإسلامية وبالتالي يحفز سعي أفراد الجماعة لتحقيق قيام الدولة الإسلامية تحت أي شرط وبأي وسيلة. الهدف كان استلاب ارادة الجماعة أو الأمة في حالة في لاوعي مع إحساسهم بالرغبة والحماس في التعجيل التشكيل الشرطي المرتبط بالوهم الأيديولوجي السائد. ولكن الإسلام لم يوجب على المسلمين إنشاء الدولة الإسلامية كيفما اتفق وفي أي ظرف ودون أي شروط وموانع من شأنها التفريق بين المسلمين. لأن هذا يخرج إلى واقع أن مثل تلك الدولة الإسلامية يشكل مشروعا للحروب الأهلية والكوارث كما أثبتت تجارب الحركات الإسلامية منذ التسعينات في الجزائر والسودان وأفغانستان والصومال. ولكنها يمكن أن تكون تعبيرا عن توافق اجتماعي قائم على الحرية والمعرفة مؤسسا على العدل والتراضي كما يأتي في أطروحة جيس (2001) رغم اختلاف التطبيق في النظام الغربي. ومعنى مفهوم الدولة الإسلامية لا يمكن أن يكون على حساب طبيعة الإسلام العادلة والنزيهة، كما لا يمكن أن يتحقق بالقوة والعنف والانقلابات. فإذا كانت نتيجة لخيار ديمقراطي ومعرفي للمجتمع ويحقق العدل

---

[4] Raymond Geuss (2001) History and Illusion in Politics. Cambridge University Press.

وينشأ عن التوافق بين أفراد ذلك المجتمع قائم على اختيارهم الحر فلا ضرورة لأن تتحقق بأي صورة من الصور الأخرى القائمة على العنف والإكراه. ولدولة الإسلامية هي تلك التي تخدم المجتمع وتعبر عن خياراته السياسية الحرة. والمجتمع هو الذي يجب أن يصنع الدولة ولا بد أن تكون تعبيرا عن إرادته الحرة والواعية.

تعكس هذه الشروط فهما عميقا للإسلام وإمكان تحقيقه في الواقع السياسي وأنه لن يكون بالإكراه ولو من أجل تطبيق الشريعة بل عبر قيمه العليا وأولوياته كالإيمان والعبادة والأخلاق وفق فلسفته التشريعية. هذا يثير التساؤل عن أن موضوع الدولة الإسلامية تحت شروط الواقع المعقد للعالم الحديث وموازين القوى الدولية والمعرفية والتكنولوجية فيه، هو قضية جدلية افتراضية. وقد تكون سابقة لأوانها ومرهونة في تحققها بالشروط التي ذكرناها. وهذه الحقيقة موضوعية بشأن حيثيات الدولة الإسلامية وتوصل إليها بعض الكتاب في السودان مثل عبد الوهاب الأفندي هي من أهم المرجعيات. وذلك بعد الكوارث والحروب التي نشأت عن التطبيقات الأيديولوجية لمفهوم الدولة الإسلامية منذ التسعينات في السودان[5]. وكذلك ما نتج عن عدم تحققها ولو عبر صناديق الاقتراع، إذ كانت وفق ذلك الفهم الأيديولوجي كما في حال الجزائر، حيث أدى ذلك الفهم إلى فتنة الاقتتال الأهلي التي راح ضحيتها أكثر من 150 ألف قتيل في عقد التسعينات. وكذلك الحروب الأهلية التي نشأت عن قيام دولة طالبان، والمحاكم الإسلامية في الصومال وحماس في فلسطين كل ذلك يستدعي مراجعات جادة. ومثل هذه الرؤية تفكك ذلك الارتباط الأيديولوجي لوعي وسلوك الأفراد والجماعات بين ما يوجبه الإسلام كفروض عينية وفردية ملزمة كالصلاة وغيرها، وبين ذلك السعي الحثيث عبر القوة

---

[5] عبد الوهاب الأفندي (2001) الإسلام والدولة الحديثة. دار الحكمة، لندن.

والعنف من أجل إقامة دولة إسلامية دون اعتبار الشروط المعرفية والشرعية لقيامها. وهي شروط وموانع لا علاقة لها بذلك الاقتران الشرطي الذي يجعل قيام الدولة الإسلامية فرض عين ونافذ الذمة على الناس كالصلاة والصيام. ذلك بحيث يجعل منها مطلبا يكون السعي له جوهرا في ذاته ولذاته مجردا من أي فكر أو زمان مراعاة لمصالح المسلمين، وما يتصل بها من حفظ حياتهم والتعايش مع جميع الطوائف. وأهم ما كشفت عنه تطبيقات مفهوم الشريعة والحكم الإسلامي عبر الانقلابات العسكرية والسياسية هو أن مشكلة المسلمين في الحقيقة ليست مع ربهم أو مع دينهم، وإنما مع مفهومهم الأيديولوجي للدين. وتطبيق الشريعة الإسلامية يترتب عليه حقوق وحريات كما من عليه من واجبات [6]. هذا ما استنتجه سيد (1979) بالاضافة إلي أن هناك تشابه بين تطور الفكر الغربي في جانب الحريات والحقوق الانسانية كما توصل إليه العديد من المفكرين الغربيين ومن أبرزهم شابيرو (1986) [7].

4. الاستنارة والدولة

أثار اضطراب النظم المؤسسية والأخلاقية في الدولة ضرورة تطبيق مفاهيم الاستنارة المطلوبة لإصلاح الطريق. والجوهر الجامع لتعريف مصطلح استنارة معناه استخدام العقل ومنهجيات موروثة ومكتسبة في معالجة كافة شئون الحياة. والتاريخ الغربي لولادة المصطلح هو الذي جعله متعدد التفسير في البيئة الإسلامية العربية. ومنجزات العقل البشري لاكتساب المعارف وبناء الحضارات هو عملية مستمرة منذ خلق الانسان. تجربة المجتمعات الغربية في

---

[6] Said, A. (1979) Precept and practice of human rights in Islam. Universal Human Rights. 1: 63–80.

[7] Shapiro, I. (1986) Evolution of Rights in Liberal Theory: An Essay in Critical Anthropology. Cambridge University Press.

الصراع ضد تحالف الكنيسة الكاثوليكية والإقطاع تفاعلت مع ما أنجزته سابقاتها لانتاج الحضارة القائدة في عالم اليوم. والصراع ضد عصر الظلام في القرون الوسطي وانتصار العقلانية المنتجة للمعارف العلمية والفلسفية والفكرية وتطبيقاتها الحديثة هو الذي أنتج ما سمي عصر التنوير مع ملاحظة أن ما يطلق عليه تيار مابعد الحداثة ينطوي علي مراجعة نقدية لمفهومه وأسبابه.

علي أن منشأ مصطلح الاستنارة التنوير في الصراع مع الكنيسة هو الدين واختلاف القيم والسلوكيات الأخلاقية الاوروبيه عن الإسلامية لم يمنع أوائل رواد النهضة المسلمين من الطهطاوي (1801-1873) وحتي محمد عبده (1849-1905) ونظرائهما في المغرب والشام من الانبهار بالحضارة الغربية والتفاعل معها ومحاولة شق طرق للتنوير في الثقافة والفكر الإسلاميين العربيين بالتوفيق بينها وبين الإسلام. ولم تلبث هذه الطرق أن سدت نظرا للصراع مع الاستعمار الغربي والقوي الحديثة خلال النصف الأول للقرن الماضي. هذا دفع الجناح الديني لتلك القوي نحو التقليد والمحافظة ودفع الجناح العلماني نحو الشق الشيوعي من النموذج الغربي القائم علي مبدأ تحرير الطبقة بدلا من تحرير العقل. تبع ذلك دخول الأمة في عصر ظلام اسلامي عربي وصل قمته بإستيطان التطرف الديني في أوساط أكثر الفئات تعليما وإنتشاره أفقيا ورأسيا. وهناك أسبابا للإقصاء تتمثل في الجمود التشريعي ومقاومة التجديد والغزو الأوربي. وهذا تبعه غزو ثقافي وقانوني ومحاولات الإصلاح الرسمية التي كانت فاشلة في معظمها. ولكن الشريعة ما زالت حاكمة في مجال الأحوال الشخصية والعبادات وهي مرجعية لقيم الأخلاق والسلوك والدراسات فيها واسعة في مجال الفقه المقارن. وليس هناك إشكالية تنويرية وفكرية أو مهنية تتعلق بصلة نصوص الأحكام التشريعية بالواقع المعيش تصعب

معالجتها[8]. والاستنتاج هو أن إعادة تنوير وبناء العقل السوداني هو المدخل نحو اعادة الحياة نحو تطوير قوي المجتمع الحديثة مع وجود القاعدة الشرعية. ونركز هنا علي تجديد الفكر السياسي السوداني والبحث عن الاستنارة بعيدا عن الإسلاميون السودانيون. وهذا قد يستثير نقد من داخل الاطار الديموقراطي العلماني نظرا للنجاح الذي نالته الحركة الإسلامية السودانية وتحولها إلي صاحبة أقوي ثقل وسط القوي المدنية خلال السبعينات والثمانينيات. ولا يمكن إنكار أنها نشأت كحركة طلابية وارتقت إلي قوة سياسية ممتطية تيار الديموقراطية. وتحت هذا الغطاء تحركت بالتحالف مع المؤسسة العسكرية واستولت علي السلطة. المساواة كانت أساسا جذابا للجمهور السياسي وأبعد شبهة الإنتقائية القبلية ولم تتخلي عن الشعار إلا تحت ضغط حاجاتها السياسية الآنية. وحدث ذلك في موقفها من حق غير المسلمين في رئاسة الدولة وإستيلائها السهل نسبيا علي السلطة وتمكنها من الوقوف في وجه معارضة أكثر من عشرين حزبا بينها أهم الاحزاب السودانية. هذا دليل علي قوتها وتغلغلها في جذور المجتمع. وكانت المكافآت لمنتسبيها أو الدائرين في فلكها أعضاء أو متأثرين باطروحاتها الدينية السياسية تأمينا للعيش في ظروف صعبة وهم صاروا أصحاب النصيب الأكبر من الثروة القومية. والإسلاميين خرجوا بعنوان الاستنارة ومفاهيم أساسية عن المقومات الأولية للبنية التحتية لتنمية وتسييد العقلية للاستنارة في عصر العولمة وثورة الاتصالات، وهي موجودة لديهم[9] وحصرت هذه المقومات في التعليم الحديث كاللغات الاجنبية وعلوم الحاسوب والاتصالات والمهن المرتبطة بها ونيل الحد

---

[8] طارق البشرى (2009) الأحوال التاريخية لإقصاء الشريعة الإسلامية ولاستعادتها في الدول المعاصرة. في الإسلام والتطرف الديني. مكتبة دار الشروق الدولية، القاهرة.

[9] الصحافة 6 مايو 2007.

المعقول من شروط الحياة المادية من صحة وتعليم وسكن ومواصلات وترفيها مما يسمح بالانشغال بغير أمور الحياة اليومية. هذا بالإضافة إلي الاحتكاك الاوروبي-الامريكي بتكوينه الحضري واحترام القوانين والقواعد المدنية وبذلك تعلم الاستخدام المنتج للوقت بإعتبار أنه أهم مجالات التقدم العلمي والفلسفي الفكري والأخلاقي. هذا بشهادة قديمة مازالت سائدة من الشيخ محمد عبده الذي وجد أن الغرب فيه اسلاما بغير مسلمين وبشهادة دساتيرنا التي تتضمن مرجعية لحقوق الانسان غربية المنبع.

في حدود العلم فإن ردود الفعل تجاه الفكرة قوبلت بجدل من بعض المفكرين فقد رفضت من عبد الوهاب الافندي[10]. ولكن الصحفي صلاح شعيب لفت النظر إلي وجود تباين داخل أوساط الإسلاميين انفسهم تجاه هذا الموضوع[11]. تري التيارات العقائدية اليمينية نفسها تحديثية تميز عن السلفيين وتعتبر بأن همها هو طرح مشاريع تحديثية وإستنارية، وإن إختلف تصورها لمفاهيم التقدم. كما أشارت إلي التناقض بين ماتبرزه بعض المقالات المنشورة علي سبيل المثال في مجلة التنوير التي يصدرها مركز التنوير المعرفي وتختلف بعض خلاصاتها عن فكرة المشروع الحضاري. وبعض الإسلاميين يرون في أفكار التنويريين بوابة يعبر من خلالها الدين والمجتمع الإسلاميين. ويمكن تأويل ذلك بما يدعم فرضية أن بعض الإسلاميين يهتمون بموضوع الاستنارة والتنوير كما يرد في مركز التنوير المعرفي حسب موقعه علي الشبكة العنكبوتية للمعلومات. ومن بين أهدافه إثراء الحوار والتلاقح بين الفكر الغربي والفكر الإسلامي. وتمثل تجربة متوازنة بين المحافظة على الثوابت والانفتاح على حضارة وثقافة العصر وهذا من إيجابيات استخدام مفهوم التنوير إذا تجاوزنا تاريخياً نشأته وتطوره

---

[10] الصحافة 18 مارس 2008.

[11] الاحداث 13 اكتوبر 2008.

والنتائج التي أفضى إليها في الفكر الغربي. وهناك استعدادا مصحوبا ببعض التحفظات للتفاعل مع التجربة الغربية. أما المعالجة النقدية الشاملة لفكرة استنارة الإسلاميين فقد جاءت في مقالين للتجاني الحاج عبد الرحمن[12] وناصف بشير الأمين[13]. وكلاهما لهم نشاط سياسي وفكري وينتمون إلي تيار الاصلاح السياسي الديموقراطي التجديدي تتمثل في صيغة البعث السوداني. الجامع بين اطروحات هذين الكاتبين هو عدم انطباق مفهوم التنوير علي الإسلاميين بأي درجة من الدرجات استنادا إلي تحليل فكري لرؤيتهم تجاه قضايا العلمانية والديموقراطية والاستنارة.

5. الأيديولوجية السياسية والدولة

لابد من تعريفا واضحا لمصطلح الأيديولوجية عند تحليل الإسلام السياسي. وذلك بإعتباره يقوم على فهم لب طبيعة الصراع السياسي فلا يصبح صراعا بين الفئات المختلفة في المجتمع حول مصالحها وأنصبتها في السلطة والثروة. وأن يمثل صراعا بين الكفر والايمان ومعسكر الخير ومعسكر الشر. والسبب أن الإسلام السياسي قديما أيديولوجيا. وفي مرحلة تاريخية لاحقة تبنت فئة سياسية هذه الأيديولوجية. وكان الاختيار علي أساس أنها تشكل غطاءا صالحا ومناسبا لمصالحها بمعيار الفعالية والقدرة على الكسب وسط الفئات الموجه اليها خطاب الايدويولوجيا. واستنتاج ناصف بشير هو ان الأجندة الحقيقية للاسلاميين تتناقض مع الغطاء الايديولوجي فهي التمكين وإحتكار السلطة والثروة والمحافظة عليهما بأي ثمن ولو كان مصير البلاد ذاتها. وهذا التمييز بين مستويي الخطاب ضروري عند الحديث عن امكان وجود ومضات للاستنارة لدى الإسلامين لأن افتراض ذلك يعني حدوث تحول في عقل

[12] الاحداث 28 يناير 2008.

[13] الصحافة 27 سبتمبر 2008.

الإسلاميين يتجلى في شطب استراتيجيات الشمولية وطرح أجندة مستنيرة. والتمكين هو أحد أدوات الدولة كما دأب الترابي علي الترديد في خطاباته في الأيام الذهبية لتنظيره. وهو مصطلح مستخلص من قوله الكريم : **الذين إن مكناهم في الأرض أقاموا الصلاة وآتوا الزكاة وأمروا بالمعروف ونهوا عن المنكر ولله عاقبة الامور (الحج 41)**. وقد استخدمه النظام الحاكم لأسلمة تصرفاته. واستخدم أيضاً الجهاد وغير ذلك مما ينطبق عليه الآيات : لتحسبوه من الكتاب وما هو من الكتاب ويقولون هو من عند الله وما هو من عند الله ويقولون على الله الكذب وهم يعلمون، وبحث منظروا النظام عن مصطلح لأسلمة احتكار المال العام واستغلاله والإثراء الحرام غير المشروع منهم في دائرة محصورة على قيادات المؤتمر الوطني وبعض رجال الأعمال الذين ظهروا كنبت شيطاني بعد أن قام النظام بمنحهم قسطا من المال العام ليكملوا دائرته فيتداول بينهم فقط. وبحث منظروا النظام عن مصطلح يعطيهم الشرعية لأكل أموال الناس بالباطل وكان التلاعب بألفاظ القرآن الكريم. وفي ظل الاستخفاف بالدين والشعب تلبسوا بألفاظ القرآن. ليهيمنوا فكريا على بسطاء الناس من العولم وكان مصطلح التمكين الذي أصبح حجر الزاوية في مناظراتهم،

كان للترابي قصب السبق في أسلمة كل تصرفات الدولة حقاً وباطلاً. والتمكين أداته، فلقد كانت خطة النظام تتركز في جمع والاستئثار بكل أموال الدولة في أيدي قلة مضمونة ذات مصير مشترك. وهذه الفئة هي النخبة الاقتصادية التي تستأثر بالمال وتمول احتياجات التنظيم. هذا لم يكن نمطا جديدا، وإنما كان سائرا منذ المصالحة مع الأمام الجديد جعفر نميري والذي اكتشف الإسلام وطبق شريعة أبتدعت بواسطة أساطين الجبهة. وترتب على هذا الاستئثار القدرة على بسط الرزق لمن يشاءون ومنعه عمن يشاءون بعد الاستيلاء علي

السلطة. وعندما يشعر الشعب بأنه لا يملك أي شيء في يده، سيضطر اضطراراً لمجاراة النظام أملا في الحصول ولو على الفتات. وبذلك يستطيع النظام عبر التمكين أن يربط مصالح كل سوداني به وكل القوى السياسية وضمان النظام قدرته على تحريك كل الدمي التي يمسك النظام بالخيوط التي تحركها كيفما يشاء. وقد كان هذا في خلال العقد الأول من الإنقاذ حين سمع المواطن البسيط وصدق الكثيرين ومنهم الشباب وبذلوا دمهم في حروب النظام.وكان التصور أن النظام لن يحتاج لاستخدام العنف فمن يتمرد سيعاقبه بإمساك الرزق عنه. وقد حدث وتم افقار وتجويع كل من رفع رأسه. ولكن الاستراتيجية أيضاً كانت استمرار النظام تحت نفس قياداته وهذا عني بالمقام الأول أنه عند ترشح البشير لأي انتخابات فيكون ذلك بدون منافسة لأنه يعلم تماماً أنه يمسك بزمام كل ذي مصلحة مرتبطة بالمال العام. وقد استطاع النظام تقسيم الأحزاب والحركات المسلحة عبر المنح المالية للبعض وهو متأكد من أن النتيجة الحتمية هي الانقسام جراء الصراع حول من يتلقي هذه الأموال أولا. وهذا يفسر كيف استطاع النظام الإمساك بزمام السلطة مدة عشرين عاماً وإحداث الانقسامات داخل كل القوى السياسية. وعندما حدث انقسام داخل أحد الأحزاب المرموقة سأل الزعيم المنشق عن أموال البترول وأجابه أحد المسئولين القروش دي بنشتري بيها الزيك.ولكن هذا لم يكن التمكين في مبادئ الإسلام الحنيف وبالمفهوم السابق لا يحتاج إلى كثير اجتهاد أو فتوى للوصول لنتيجة أنه حرام شرعاً . وهو كذلك مخالف لقواعد أساسية يقوم بها ولاة الأمور.ومفهومه في القرآن الكريم متعلق بتمكين المسلمين من فتح دولة أخري معادية في الحرب. أي بين دار الإسلام ودار الكفر.وليس مبنياً على أكل أموال الناس بالباطل عبر الصفقات والعطاءات والمنظمات واتحادات الشباب. ولا يبني على قصر أموال العامة على مجموعة دون غيرها من الناس.

ولم يأمر الإسلام بهذا فليس الله رب العالمين بظلام للعبيد. ولا يمكن للرسول صلى الله عليه وسلم أن يمكّن له الله في الأرض عبر احتكار المال العام. ولم نسمع بأن إحدى زوجاته عليه الصلاة والسلام أقامت منظمات، ولا بأن أحد ولاته لديه شركات باسم ابنه ولم يأكل أموال الناس أو منحها لخاصة من صحابته رضوان الله عليهم ولم يكن من الظالمين أو سعى في الأرض فساداً.
وقد حرم الله سبحانه وتعالى أن يتم حكر المال لفئة قليلة من الناس لأن هذا يعني أكل أموال الناس بالباطل، وتسخير الضعفاء بالإكراه والاستضعاف والاستباحة وجعل الأمر والنهي في يد المحتكرين. وقد حرم الله ذلك تحريما شديداً.

1.6 التمكين والاقتصاد

مع النظام تحور مفهوم أن المال عاماً كان أم خاصاً هو دولة بين الأغنياء فقط. الزكاة واردة في القرآن وهي في قوله تعالى حتى لا يكون المال دولة بين الأغنياء. وبهذا وجبت الزكاة. والحكم الشرعي ما أفاء الله على رسوله من أهل القرى فلله وللرسول ولذي القربى واليتامى والمساكين وابن السبيل كي لا يكون دولة بين الاغنياء منكم وما اتاكم الرسول فخذوه وما نهاكم عنه فانتهوا واتقوا الله ان الله شديد العقاب (الحشر 7). وما حدث من النظام هو أنه احتكر كل شيء. فلا وظيفة إلا لمن له الولاء واشتكى الكثير من رجال الأعمال من أنه لا يمكن لهم إكمال مشروع إلا إذا شاركه فيه شخص نافذ من داخل النظام. ولم يعد المسئول يهتم بمشاعر الشعب، ورأينا مسئولاً قام بإقالة آخر أقل منه لأن كلاهما كان لديه نسبة في عطاء أو مناقصة وكلاهما لديه شركة يتعامل معها. ولما تعارضت المصالح استخدم الأكبر سلطته في إقالة الأقل. والأخير وصل إلى مطار الخرطوم قادما من ماليزيا إلى مطار الخرطوم وأقام مؤتمراً صحفياً وهدد بأنه سيعلن ما لديه من أدلة ووثائق. وتدخل وسطاء

الخير من النظام ووصلوا إلي قسمة الأرباح وتم الاعلان بأن ما حدث كان مجرد تنازع في الاختصاص.

قام النظام بتدويل المال العام عن طريق بعض الموالين له فظهر رجال أعمال من حيث لا نحتسب.لكن دائماً وعندما يتشاجر اللصوص يظهر المسروق. فلما علم أحد المسئولين الكبار بتصريحات ما لأحد رجال الأعمال منهم قام هذا المسئول وأعلن كتهديد مبطن بارد بأن رجل الأعمال هذا ليس غنياً ولكنه سخي. وكان يقصد طبعاً تخويف رجل الأعمال عبر هذه الكلمات أي أننا منحناك هذا المال ونحن أيضاً نستطيع انتزاعه منك. فاحترس وتأدب وما تلعب بذيلك. والوضع مأساوي وأضحى فيه تبجح وعدم احترام لمشاعر الشعب السوداني الذي فقد نخوة المطالبة بحقوقه المسلوبة. وصار إمعة كلاً على نفسه، لا يقدر ولا يملك من أمره شيئاً .

كان أثر التمكين على الأوضاع الاقتصادية واضح إذ أنه لم يعد بالإمكان الانتقال من شريحة إلى أخري داخل الطبقة الواحدة، وليس الانتقال من طبقة لأخري. واستشرت عملية التمكين في كل وزارة ووكالة ومؤسسة، وكل هيئة عامة وكل شركة من شركات القطاع العام. وكل مسئول لديه منظمة هو أو أحد أسرته أو شركة باسمه أو اسم أحد أبنائه أو مساهم في إحدى شركات الأموال. ومنع التمكين الاستثمار الداخلي فقد أحجم الناس عن القيام بالمشاريع الكبيرة، لأن التمويل أو حتى التسهيلات الإئتمانية أو الجمركية أو غيرها لا تتم إلا إذا دخل أحد المسئولين بشراكة غير رسمية وهذا أغرق الدولة في مستنقع الاقتصاد الخفي.

ويصرف المؤتمر الوطني ببذخ فاحش على اتحادات الطلاب والشباب التي يسيطر عليها صغار الموالين الذين لا يملكون من التأهيل سوى قدرتهم الفائقة على التطبيل والتكبير والتهليل. وقد أدمنوا الإثراء الحرام الفاحش وبنوا

القصور وركبوا أفخم السيارات وامتهنوا حرفة تسهيل استثمارات الآخرين. وأصبح أي مسئول يستخدم القانون بطريقة تحقق مصالحه فإذا كان شريكا في صفقة سكّر وأعاقته القوانين عن تمرير صفقته، فما عليه سوى الذهاب إلى مجلس الوزراء ويدعي بأن هناك أزمة سكر في البلاد مطالباً بتخفيف القوانين التي تعرقل عملية استيراده. القوانين هي نفس القوانين التي طالب بها نفس المسئول من قبل. وبعد تدمير المؤسسة العسكريةالقومية منعاً للإنقلابات أخذ المؤتمر الوطني يصرف ببذخ على مليشياته العسكرية الخاصة وعلى تنظيماته الأخري التي شكلها تحت مسمى القوات الخاصة. وتم إختيارها بعناية من قبائل معينة ودربت تدريبا عالياً . ولم يجوز الدخول فيها أو الانضمام لها إلا بعد تزكيات كبيرة من شخصيات نافذة. في نفس الوقت لم تكن تدفع فيه مرتبات المعلمين ولا تقدم الخدمات الرئيسية للمواطنين بعلة شح الإمكانيات ونقص عوائد النفط بسبب الأزمة الاقتصادية العالمية. بل ولم تدفع معاشات المواطنين وفيهم العسكريين المتقاعدين. وما من مشروع خدمي يطالب به المواطنون إلا وتمنّع الولاة عن إقامته بحجة نقص الإمكانات المادية. وحدث أن أحدهم قبل مغادرته لمنصبه بعد أن شبع قام بتحرير شيك بخمسين مليون لأحد فرق كرة القدم ليبني لهم حوض سباحة. وهو نفسه امتنع وظل يمتنع عن القيام بحاجات المواطنين الأساسية بحجة العجز المادي. ثم تم تعيينه سفيرا في أحد أهم الدول في علاقاتها مع السودان كمكافأة له علي قدراته الكبيرة علي استنزاف الأموال العامة وتدمير اقتصاد ولاية بأكملها. ويعني كل ما سبق أن المال كله يدور في فلك النظام الحاكم ويعني أن الاقتصاد القومي كله يصب ناتجه في جيوب أشخاص قليلين. وأن باقي الكادحين يطوفون حول هذه القلة لجمع الفتات مما يتفضل النظام برميه إليهم. وبذلك انهارت الطبقة الوسطى وأصبح هناك عجز وندرة في توفير حاجات المواطن الأساسية من الطعام

والشراب والكساء والتعليم والعلاج وعدم القدرة علي الاستهلاك بدخله المتوفر.

1.7 التمكين والسياسة

كان أثر التمكين على الجانب السياسي عظيماً إذ أنه أصبح مأساويا. ولم تكن الحركات المسلحة مخطئة لأنها دون باقي القوى السياسية التقليدية استخدمت الأسلوب الذي يفهمه النظام.لكنها سواءً في الشرق أو الغرب لم تكن تحت قيادات تفهم هذه الخاصية لتقاتل من أجل قضية حقيقية بتجرد، بل آثرت مصالحها الشخصية. واستطاعت الحكومة تفتيتها برمي عظمة الاغراء. ولم يكن حال الأحزاب السياسية بأحسن منها لأنها لم تفهم أن هذا النظام لا يحترم إلا القوة. وأن كل من سلم أوراقه وبايع لم يقابل إلا بالتهميش وبمزيد من الاستخفاف. واحترق الصادق المهدي بعد أن سقط تحت جناح النظام واستفاد النظام من حبه للخطابة سواء في مبادرة أهل السودان أو غير ها. فوفر له الاعلام ثم لفظه. ولم يعد أمام الصادق إلا اللجوء إلى خليل إبراهيم. والأخير وقع في شرك النظام حين قام بإعدام الكثيرين ممن غزوا أمدرمان وترك قلة من أقاربه لم ينفذ فيهم الأحكام، وأصبح أمام خيارين أحلاهما مر التسليم مقابل الإفراج أو الإعدام. فاختار خليل المهادنة وبالتالي حدث الانشقاق داخل حركته. ولم يسلم الحزب الاتحادي حين بدأ مولانا الميرغني رحلة التسليم والمبايعة بالعودة إلي السودان. لم تكن مبادرته مباركة من كل أعضاء حزبه ولكن دلت الإستقراءات علي أنها عودة إلي المسرح السياسي السوداني وبإستراتيجية جديدة كما عرف عن والده المرحوم مولانا علي الميرغني بحكمته ومرونته في التعامل مع المواقف السياسية المعقدة. أما أركو مناوي فقد سلم الراية حتى تم تهميشه تماماً ليس هذا فحسب بل أن النظام أرسل لمناوي طالباً منه التنازل عن منصبه لشخصية أقل جهلاً منه.

فاكتأب أركو مناوي وعاد إلى الصحراء مرة أخري بعد أن قال لهم بأنه قد حصل على منصبه بالسلاح ولن يعطيه لأحد إلا بالسلاح. سلم العديد من قياديي الأحزاب الأخري الراية. الشعب السوداني نفسه سلم عندما لم يعد أمامه سوى التسليم، فلن يجازف موظف بوظيفته أو بعائلته أو بأسرته بالوقوف ضد التمكين. ولن يجازف معلم بسيط أو قاضي أو أستاذ جامعي بالوقوف ضد التمكين لأن كل هؤلاء استطاعوا أن يحصلوا على فرصة في وقت أصبحت فرص الرزق والعمل نادرة في ظل التمكين ولا يمكن المجازفة بفرصة البقاء على قيد الحياة.

كانت فرص انتخابات نزيهة العام 2010 معدومة والكل يعلم بأنها أوهام لأن التمكين لم يعط أي فرصة للوقوف ضد النظام. الكل يدور في فلك النظام. الجيش تم تفكيكه تماما. وتم بناء ميليشيات بديلة مع الإبقاء على المؤسسة العسكرية كمجرد يافطة. وإنهارت المؤسسات التعليمية بانهيار التعليم وتبعتها القوانين بانهيار المؤسسات. أصبح السودان ملكا لأقلية تبني القصور وتمتلك يخوت نهرية وبحرية فاخرة واشتراكات باهظة في النوادي الراقية. وبنت الأقلية مراكز التسوق الضخمة والعمارات الشاهقة. واصبحت التجارة بين صغار التجار مجرد بيع للوهم. واعتمدت الطبقة الوسطى على أعمال هامشية. والمحصلة هي الأثر الساحق علي خير ما تمتلكه أي أمة وهي البنية الأخلاقية. وقديما قال أحمد شوقي :

إنما الأمم الأخلاق ما بقيت أخلاقها بقيت وإن ذهبت أخلاقهم ذهبوا وكان أثر التمكين على القيم الأخلاقية كارثيا. وذهبت القيم الأخلاقية عندما أدى التمكين إلى احتكار قلة قليلة للمال العام وأدى هذا إلى شح الفرص وترتب عليه أن حصول شخص على أية فرصة ولو تافهة يعني كسباً كبيراً له. وبالتالي فقد انتهى عصر الإنسان السوداني الكريم. ولم يعد المواطن قادرا على المجازفة

20

بفرصته عبر إتاحة فرصة أخري لغيره. وترتب على ذلك الخوف من المنافسة على الفرص الشحيحة. ونتج عن ذلك ظهور التكتلات في كل وزارة أو هيئة أو مؤسسة عامة أو خاصة. وأصبح الحصول على وظيفة شبه مستحيل. وانهارت قيم التعاون الإيجابي في المجتمع وأصبحت العلاقات مبنية على المصالح فقط. وانهارت قيم الشجاعة في المطالبة بالحقوق. وأصبح الإنسان السوداني في حالة خوف دائم فسلك طريق الذلة والمسكنة للحفاظ على الفتات الذي يقيم صلبهوانتشرت الدعارة، وازداد عدد اللقطاء من المولودين سفاحاً . وانتشرت ظاهرة التسول. وازدادت الأمراض النفسية بمعدلات رهيبة في أوساط العاطلين عن العمل والمحالين للصالح العام والشباب الذي لا أمل له ولا مستقبل. وازدادت حالات الجنون والانتحار فمنعت الأجهزة المختصة الحصول على الاحصائيات الخاصة بها وارتفعت معدلات الجرائم والسرقات المقترنة بالقوة الجنائية.وضعف التماسك الاجتماعي والصمت خوفاً لم ينتشرا بهذه الصورة حتى في أعتى الدكتاتوريات. وأصبحت رقاب الناس مقيدة بقوت يومهم ومعاشهم مع قلة الفرص وشحها. وازدهرت ظاهرة فرض الموظفين للعمولات في المناقصات والعطاءات الحكومية وتحول اسم هذه الظاهرة من الرشوة أو الكسب من المال العام إلى مسمى أخذ الحق. فمادام المسئولون الكبار يحتكرون الكثير، فمن الإنصاف أن يأخذ الموظف الغلبان حقه القليل عبر هذه العمولات.

ولكن عدم الاكتراث هو الظاهرة التي مست الإنسان السوداني في شغاف روحه. وهو كان قبل ذلك هميما وصاحب نخوة. أصبح المواطن السوداني في ظل داره لا يكترث لأي شيء ما دامت مصالحه تسير. وأصبحت العقلية براجماتية إلى أبعد الحدود في مجتمع فردي. وإنهارت قيم الكرم والعطاء وانغلقت الأبواب وسقطت قيم الشجاعة في ظل التمكين.وقد قتل التمكين قدرة العقل

الإبداعي في ظل الخوف على الفرصة حيث لم يعد من دافع لإعمال العقل إلا فليما يحافظ للشخص على وظيفته العامة أو الخاصة. والخوف من ضياع الفرصة في ظل جدب وفقر الفرص أدى إلى تزايد هاجس ضياعها عبر المنافسة.وعمّق النظام هذا الشعور بالخوف عن طريق الإتيان بغير مؤهلين إلى وظائف هامة تحتاج إلى خبرات ومؤهلات عالية كما أتي في تحليل مور وشيلمان (2002) في إحجام النخبة عن المساهمة بتغيير الظروف السياسية تحت حكم سلطوي[14] . وبالتالي أصبح من يتقلد هذه الوظائف هم أقل الأشخاص تأهيلاً، في حين تم إحالة المؤهلين إلى الصالح العام ليقوم هؤلاء بدورهم بالبحث عن فرصتهم الوحيدة في الخارج، ترتب على هذا انهيار مؤسسات الدولة لأن شاغليها وزارياً أو في الدرجات الأدنى، هم غير قادرين إداريا وأصحاب مطامع شخصية وبعيدين عن الإبداع الوظيفي أو حتى المجازفة بإجراء الترميمات والإصلاحات أو التطوير أو إعادة البناء من جديد. انهيار المؤسسات أدى إلى تقوية التمكين عبر الفساد الوظيفي. وتعميق رابط المصلحة الفردية مع النظام الحاكم داخل هذه المؤسسات. وأدى هذا إلى إحباط المؤهلين وانزوى أساتذة الجامعات على مقاعدهم للحفاظ علي فرصتهم الوحيدة في الحياة.وترتب على هذا انهيار المؤسسات التعليمية الجامعية. فلا يوجد من سبب واحد لأي أستاذ جامعي للتفكير في وضع مؤلفات قوية تخدم قضية وطن. وتحولت القلة القليلة على ضعف مستواها إلى التأليف التجاري على قلته، وذلك لتحقيق أرباح سريعة من جيوب الطلاب الفقراء والذين كل أملهم وأهلهم في القرى هو العودة بمؤهل جامعي يعين على تخطي صعاب الحياة بعلم حقيقي. ولم يؤدي التمكين إلا إلى تخريج مزيد من الجهلاء في

[14] Moore and Shellman (2004) Fear of Persecution. Journal of Conflict Resolution 48(5) 723-745.

الأرض. إلا أن النظام الحاكم تخير بعض الشباب من أبناء المسئولين الكبار، وبعث بهم إلى الخارج بعد تمحيص طويل ليتعلموا لا سيما في مجالات النفط المختلفة ليدعموا بعد ذلك التمكين نفسه. وليس ظلما للاسلاميين القول بأن نتيجة عملهم السياسي لاسيما في مجتمع ترتفع فيه نسبة الأمية الأبجدية والثقافية وتسود فيه مقاييس الأبيض والأسود هو تحويله إلي صراع بين الكفر والايمان بصرف النظر عن نواياهم. نتيجة هذا التحليل لطبيعة الحركة الإسلامية الحقيقة هي أنها لم تحقق الآمال المطلوبة من هذه الايديولوجية. وبعد مضي أكثر من الثلاثين عاما تحولت الأمية الثقافية إلي ظاهرة عامة تنطبق حتي علي الخريج الجامعي. وكف العامل والمزارع الأمي عن التجاوب مع خطاب التقدم والانفلات من الموروثات القبلية الطائفية كما كان عليه الحال منذ الاستقلال. وعندما انسدت في وجوه المواطن أبواب العمل والأمل لجأ إلي نداء من يعد بالآخرة علي حساب الدنيا. وترسبت بيئة خصبة لتوليد اللااستنارة التي عرفت قيادات الحركة الإسلامية كيف تستثمرها. انعدم التطور الذاتي نتيجة التعرض لهذه المؤثرات ونصيبها من الثروة القومية الذي قتل تلك المشاعر. وأصبح هذا مفهوم استنارة الإسلاميين. والفلسفة لم تقضي بتحول الحركة الإسلامية وإنما بتوفير مستويات ثراء لأعضائها أكثر منها لبقية السودانيين. وتتفق محددات الاستنارة مع عوامل استنباطها والمتمثلة في التعليم النوعي والمهن الحديثة والاحتكاك بالغرب. وعدم وقوع هذا في حالة الإسلاميين السودانيين يدعم إستنتاجاته بحكم مماثل. وذلك بناء علي افتراض العلاقة بين الاستنارة والعلمانية والطابع التطبيقي. وتعتمد الرؤية المتوقعة علي أساس عدم انتفاء أثر تلك العوامل في حالة الإسلاميين السودانيين. وتطبيق مفهوم العلمانية فيما يتعلق بالإسلام يختلف عن تطبيقه عن المسيحية. ويشتمل علي تعاليم وأحكام خاصة بنواحي قانونية واقتصادية. هذا يجعل الحدود بين ما هو

لله وما لقيصر والفصل بين الدين والدولة العلماني معقداً . ينتسب التطور الفكري إلي الحركة أو التيار الإسلامي لتفسير النصوص الينية وجعله علمانياً في جوهرتفكيره لا يُشترط أن يكون مستنيراً . ويمكن أن يكون في محتواه جامعاً بين العلمانية وبراجماتية نظام إسلامي عصري. يقارن هذا بمجتمعات لها ديانات أخري ترتبط بإعتبارات خاصة بالشخص ويجعل قبول الحكم بانعدام أثر الاستنارة لدي بعض الإسلاميين غير ممكن وإلا لما وجد تفسيرا للخلاف ذو الطابع الفكري وليس السياسي فقط. ينطبق هذا علي كتابات الأفندي والطيب زين العابدين ومواقف الإسلاميين التقليديين.

8. الاستنارة والتعليم

التنفيذ المنظور لخطط التطوير النوعي للتعليم هو بإدخال مناهج مجربة وتحديث هياكلها الإدارية من اليابان وبريطانيا وامريكا وأخري لبناء مجتمع المعرفة. ولابد للخطط أن تطبق توصيات تقارير التنمية البشرية في برنامج الأمم المتحدة الانمائي صاغتها مجموعات من الخبراء رغم تعرضها لهجوم من أوساط قومية. نجد في سياسات بعض الدول العربية إتجاه للانفتاح تبدأ بالحد من سلطات جمعيات الأمر بالمعروف والنهي عن المنكر. وتشمل خطوات مثل انتخابات مجالس البلديات رغم محدودية صلاحياتها والسماح للنساء أصحاب المهن وسيدات الاعمال بالمشاركة في انتخابات المجالس المختصة وتشكيل جمعيات حقوق انسان. ولكن هناك واقع انعدام المؤسسات الديموقراطية. والتجربة التاريخية في التأسيس الديموقراطي كانت وليدة عصر التنوير وليس العكس مايعني ضرورة قيام مؤسسات ديموقراطية.

ينفي عنصر هيمنة المصالح الطبقية وإمكانية نشوء ميول إستنارية وسطهم. هذه المصالح ذات طابع طفيلي ومعوق رئيسي للطريق الطبيعي للإرتقاء. وصحة هذا يعتمد علي المبدأ ولكنه يختلف علي مظاهر الطفيلية الرأسمالية.نظرياً، لا

يوجد خلاف علي أن مصدر الثقل الرئيسي للتراكم الرأسمالي في السودان إبان الحقبة النميرية تركز علي مضاربات العملة والسوق السوداء. ومع انهيار القطاعين الزراعي والصناعي، بدا الطابع الطفيلي أكثر وضوحا وسادت قيمه وأغلقت وسائله الملتوية سبل الاستنارة. حدث للتركيبة الرأسمالية السودانية صدمات كبيرة تزامنا مع التغيرات في أنظمة الحكم. وإرتباطها مع النظام الحالي لا يعني بالضرورة أن جذورها قديمة. وإنما المقصود أنه قد أعيد تكوينها تحت شروط النظام الحالي وقيادته التي استمدت سطوتها من ازدهار قطاعي الاتصالات والخدمات المالية والقطاع الصناعي العسكري والمدني المرتبط به ونمو قطاع الصناعة البترولية. ولكن الأساس للتراكم الرأسمالي بدأ من مصادر طفيلية صرفة. والهيكل البورجوازي للاسلاميين استند إلي سياسات التحرير الاقتصادي الأعمي اجتماعيا والمنفلتة من أي رقابة ديموقراطية تسمح بإعادة توزيع للثروة ولا حتي إنسيابها إلي الأسفل[15].

9. تمحور النظام السوداني

فيما تقدم وما يلي ترددت نظرية أوردناها في المقدمة وهي أن السودان كان دائمًا يشهد تعاقب لحكومات وأنظمة ولكنه لم يشهد قيام دولة بعد. وفيما يأتي هنا ما يوحي بأن المواطنة لم تكن أبدا المعلم الأول للرقعة الجغرافية المسماة بالسودان. وربما كان الحال أفضل تحت الاحتلال الثنائي حيث كانت هناك سلطة تحافظ علي حدوده الجغرافية وقضاء نزيه لا يعتمد علي أهواء أمنية أو نزعات قبلية. وتطور المحنة الحالية أصبح لها خيارين لا ثالث لهما، وجود السودان أو فنائه. والسؤال الذي صار يتردد في أذهان وعلي لسان العديدين هو أن الإنقاذ عجزت عن انقاذ الوطن فهل ستنقذ نفسها أم ستنتحر وتجر

[15] Trickle down Mechanisms.

البلاد كلها إلي حفرة الفناء.وعلي مدي أكثر من خمسين عاماً منذ أن نال السودان استقلاله ما زال حلم الدولة السودانية الثابتة يجول في خاطر المواطن البسيط الذي يتمني أن ينصهر فيها التنوع ويشكل نموذج للتعايش الفسيفسائي[16]. وهذا أمرا يمكن حدوثه ولكن ليس بهذا النمط من اللاستقرار وتعاقب الشمولية. لم تتمكن النخب الحاكمة من تأطير الدولة بدستور دائم يؤسس لممارسة مواطنة وديموقراطية معافاة، وظلّت الدولة متأرجحة في تداول سلطتها بين حكومات التعددية الحزبية الراغبة في صقل تجربتها عبر الممارسة التي لم تُتَح لها الفرصة الكافية وبين حكومات عسكرية. إضافة إلي ذلك دخلت التنظيمات الفكرية التي آثرت أن تتزاوج مع أو تتخفىَ وراء المؤسسة العسكرية والنتيجة هي أن التجربة لم تُسجل نجاحاً لميلاد الأمة ولم تحقق قيام الدولة السودانية. ومع الزمن الذي استغرقه تعاقب الحكومات كان ينبغي أن تكون البلاد قد تجاوزت مرحلة بناء قواعد الدولة. وكان يجب أن يجد المواطن نفسه في دولة تستوعب جميع الإثنيات والثقافات واللغات والسحنات والأديان المتنوعة في بوتقة التكافؤ للانصهار الايجابي. والأمنية كانت الثبات وتذوق طعم المواطنة ليماثل السودان كدولة مثيلاته اقليمياً ودولياً في منظومة تعمل لصالح البشرية جمعاء. ولكن مازال الإنقلاب على الشرعية وفرض الأ ُحادية هو النمط التسلسلي لتعاقب مراحل الدورات السياسية وعذاب المواطن السوداني المتعاقب.

حين استولت الإنقاذ على السلطة عبر انقلاب على شرعية ديموقراطية كانت ضمن أنظمة النخب الحاكمة التي اندرجت في التعاقب الثالث لمتداولي السلطة في السودان. ولكنها كانت فريدة في اسلوبها، فقد كانت تزاوج بين العسكر والجبهة الإسلامية أو أن الجبهة الإسلاميةأتت متخفّية تحت بِزة العسكر. كان

[16] Mosaic Coexistence.

ذلك اعتقاداً منها أنها يمكن أن تؤسس لدولة دائمة تقوم على أ ُحادية السلطة.
وبالتي أسست استراتيجيتها علي الإقصاء والتهميش ومارست ذلك إلى أقصى الدرجات. وقد كانت فلسفة الجبهة هي أن الآخرين هم مضمخين من رؤوسهم إلى أخمص أقدامهم بالفساد مطلقاً كان أم جزئياً ومن ثم فيجب تطّهرهم. أما المنتسبون للجبهة فقد تطّهروا بتراكم الإنتماء للتنظيم وما تشربوه من جرعات الطهارة النفسية. وراهنت نخب الإنقاذ على الأحادية في تطبيق مشروعها الحضاري. ولم تمض سنوات طويلة حتى كان ما كان من نتائج تطبيق الإنقاذ للمشروع الحضاري على الوطن.وما طبّقته الإنقاذ يتباين كثيراً مع تعاليم الإسلام.لأن من مضامين التعاليم الإسلامية التقوىَ والتقوىَ من الإيمان. والإيمان هو ما وصدق في القلب وعززه العمل.وما حلّ بالبلاد من مصائب لا يمكن أن يندرج في إطار تصديقٍ لما يعمر أي قلب من إيمان. وأن ما انقلب إليه منتسبوها وما أصبح عليه الآخرون يغني عن السؤال. المنتسبين من أهل الجبهة أو الإنقاذ والذين ادعوا الطهارة المعنوية هم المسئولين وبالتالي فإن ما حلّ بالبلاد من دمار باعترافهم هو نتيجة أخطاء المشروع الحضاري وهذا يرجع إلي صحة المفهوم وتطبيقه علي أرض الواقع.
وإذا كان الفشل يرجع إلي فساد القائمين على المشروع الحضاري ولم يتأثروا بالتشرّب بالتعاليم الإسلامية فمن الواضح أن المؤسسية التي عملوا تحتها كانت غير صحيحة. والإسلام بريئا من مشروع الإنقاذ الحضاري والمؤسسية المنشودة كانت خطأ.والشهوة الأحادية للسلطة تطورت تطوراً مميتاً وكلما زادت انتفاخا كانت أكثر قابلية للانفجار والتبعثر. وانشطار الإنقاذ إلى مؤتمرين، وطني وشعبي هو النتاج. والمؤتمر الوطني القابض على السلطة يعيد التجربة في نفسه ويمارس من خلال نخبه منها ضاعت الأهداف واتسعت جزئيات الوسائل لتملأ مساحات الأهداف. والأهداف هي للإنقاذ وهي ليست بالضرورة

أهداف الأمة والوطن. كل هذا لا يقلل من أن كثيرين من أهل الإنقاذ قد تيقّنوا بأنهم لم تكن بهم طهارة نفس ذات خصوصية وسرعان ما انخرطوا واصطفّوا مع الآخرين. القاعدة البسيطة هي أن الحرية الشخصية تنتهي حيث تبدأ حرية الآخرين. ونفس القاعدة صالحة لأي تنظيم أو حزب سياسي في الإتساع وهذه المساحة يتوقف اتساعها عندما تبدأ مساحة الآخرين. وبهذا الفهم يجوز لكل القوىَ أن تبلور من استغلال أمثل وتطور من فعالياتها وفاعليتها داخل المساحة المخصصة لها دون أن تفكر في الإستحواذ على مساحة الآخرين حفاظاً على مبدأ الحقوق المتكافئة. وهي تجارب صقلتها أمم كثيرة سبقتنا في ذلك، وكان ينبغي أن نبدأ من حيث انتهي الآخرون. كان أجدى وانفع أن نبدأ من حيث انتهى الآخرون مع القدرة على ضخ الخصوصية في ذلك. غابت الديموقراطية وانعدمت التعددية الحزبية وحُبست الحريات وتدهورت العملة الوطنية وتراجع الاقتصاد وارتفعت نسبة الفقر وانتشر الفساد الإدراي. وتدهورت الخدمات وعمّت الحروب كل أقاليم السودان وساءت علاقات السودان الخارجية في محيطه الإقليمي وانتمائه الدولي. وإنتهى الأمر إلى تسمية قادته متهمين بارتكاب جرائم حرب وجرائم ضد الإنسانية لشعبه. لم يشفع استخراج البترول وهو أبرز انجازات الإنقاذ في شيء لأن عائداته لم تستخدم برُشد. ويكن له تأثير إيجابي مقابل تراجعات هي بكل المقاييس تعدّ من الكبائر لأي حكومة تقع فيها. وما حدث الأيام والشهور التالية كان كارثيا ومنها تهديدات قوش بتقطيع الأوصال والهجمات علي الحريات واعتقال الصحفية لبني وغيرها في النظام العام وتراجع مبعوث أوباما عن مساندته للحكومة واعادة تفعيل أمر القبض علي البشير. إستجابة الدولة لهذه الكوارث كان بقرار الاستغناء علي طريقة نميري، الترقية إلي أعلي تمهيدا للخروج النهائي من السلطة. وكان هذا بقرار جمهوري بنقل صلاح قوش

كمستشار لرئيس الجمهورية واستبداله بمحمد عطا.
الاستنتاج الأساسي الذي كان واضحا في الساحة السياسية السودانية أنه كانت هناك تغيرات جارية في الهيكل والتنظيم السياسي والاداري للبلاد. وأن الرئيس البشير قام بإنقلابه الثالث بإقالة صلاح قوش. وفي الغالب أن هذا كان ضمن استراتيجية الخروج من تحت مظلة علي عثمان محمد طه وتوابعها عسي أن يقلل هذا من كراهية عامة الشعب السوداني لهيمنة قبلية إفترضوها من مظهر النخبة الحاكمة. كانت البلاد تمر برباعية من الأحداث، حرب وحوار، تفاوض وإتفاقيات تستحق التحليل. فعنها قوّضت نخبة الإنقاذ الشرعية الديموقراطية في العام 1989 سارعت القوى السياسية لإثنائها عن هذا النهج. وكان مدخل القوى السياسية هي محاولة فتح باب الحوار. ولكن قوي النظام لم تصغ لمثل هذا الأسلوب الحضاري رغم أنها كانت حُبلىَ بمشروعها الحضاري الذي من المفترض أن يتضمن مثل هذه المعاني الحضارية من أدب الخلاف. وضربت بمساعي الحوار عرض الحائط. ورددت بإستمرار ومنذ يومها الأول وبشكل عنجهي بأن على الذين يريدون أن ينازعوها في السلطة أو ينتزعوها منها أو حتى يشاركوها باللجوء للقوة. وعلي لسان رئيسها كان القول أنهم لا يحاورون إلا من يحمل السلاح. ولم يتوقف عند ذلك بل اتبع بالعمل. وبدا وكأن النظام اعتقد أن القوة هي وسيلة حكرية لها ولا يمكن لآخرين أن يمتلكوها، وبرغم ثراء الساحة المحلية والإقليمية والدولية بالتجارب الكافية لتكذيب هذا الإعتقاد، إلا أن النخبة الحاكمة اتخذت من هذه القاعدة منطلقاً لقراراتها ومرتكزا لسياساتها. لم يشأ ذلك الفكر أن يلجأ للحكمة ومعرفة حدود قدرات النظام. ولم يستجب لنداءات التصالح والتسامح والتسامي على النزعات الأحادية لصالح تأسيس تجربة ديموقراطية للخروج من الشمولية. ولما تملّكت القناعة كل القوى بأنه لا جدوى من اسلوب الحوار في إقناع نظام

الإنقاذ اعتمدت آليات استخدام القوة. وبالتالي كان علي المعارضة حمل السلاح ومقارعة النظام.

والحقيقة كانت ظاهرة في المنهج الذي اتبعته الإنقاذ في حماية السلطة التي سلبتها في تعاملها مع قضية الجنوب. وعندما استعرت الحرب وبدأت الهزائم تقع علي القوات المسلحة اضطرت الحكومة إلي الانصياع وانتهجت اسلوباً بالحوار كوسيلة لمعالجة الخلاف تمخضت عنها نيفاشا. ومع تعدد النزاعات في أقاليم السودان وكثرتها كانت مرحلة التفاوض والإتفاقيات وحملت مضمون الإستخدام العاقل للسلطة والتوزيع العادل للثروة. وهذا حلا يستوعب الثورات الإقليمية ويلبي طموحات الهامشولكن ذلك يَبقىَ معالجة انتقالية على صعيد أزمة الأمة وغياب الدولة. ولكنها ضرورية وحتمية لكونها تضع قاعدة صلبة لبناء لأمة الموحدة طوعياً وتثبيت الوطن المتماسك والقادر على البقاء والتطور بعد أن يقتنع الجميع بأنه لا مجال لهيمنة فئة على مقدرات البلاد واضطهاد العباد. وهي مرحلة مرت بها أمم كثيرة من قبل ودفعت فيها الشعوب ثمناً غالياً من التضحيات حتى استقامت استقرارا.

10. التغير المجتمعي والفساد

فيما تقدم كان النقاش عن البنية السياسية وعلاقتها بالنية الفوقية أو الهيكل الأخلاقي. ولكن كلاهما يرتبط بحياة المواطن البسيط ومعيشته. هذا يتعلق بالأداء الاقتصادي والاداري لمؤسسات الدولة. والحديث لا ينقطع عن تأصل الفساد في كل أجهزة الدولة والتوسع في الانفاق الحكومي الذي لا يقابله تنمية لمستويات معيشة المواطن وتضخم العجز في موازين المدفوعات داخليا وخارجيا. وفي آخر تقارير ديوان المراجع العام عام 2008 الذي ناقش فيه أداء 2006 كانت هناك مؤشرات أشارت إلي أن التسيب في المال العام يبدأ من قمة هرم السلطة. وأن ذلك متصل بالقاعدة الهرمية ولا ينفصل بشكل نمطي.

والحقيقة الثابتة هي أن الحقوق الاقتصادية للمواطن السوداني أهملت تماما. والنظام هو المتحصل والمتصرف في المال العام. وقضايا الإنفاق العام تؤثر مباشرة في حياة الشعب وحقوقه. وهناك علاقة عضوية بين الحقوق الاقتصادية والمدنية والسياسية لأن الغالبية من العاملين هم من ذوي الدخل المحدود الذين تعجز الحكومة أو تتباطأ عمداً في صرف مرتباتهم أو تسوية إحالاتهم التعسفية للمعاش الإجباري. وهذا ما ألحقه النظام بمئات الألوف من العاملين.

الفساد المالي هو شعار اليوم وهو نمط النظام السوداني الحالي كما اتفق الجميع بما فيهم رموز السلطة. وهناك إحجام من السلطات السياسية والمالية في غياب الرقابة البرلمانية والشعبية والذي يشكل المهدد الأكبر للإنفاق العام وضمان وصوله للقطاعات السكانية المستهدفة والخدمات المستحقة لها للتنمية ومحاربة الفقر. وقدمت مجموعة تعاش التابعة للمنظمة السودانية لحقوق الإنسان في القاهرة تقريرا عن آخر ما عثر عليه ديوان المراجع العام من حقائقٍ حول الأداء المالي لحكومة السودان[17]. ووجدت أن هناك إبتزاز منظم لملايين الدولارات بواسطة موظفى الحكومة أو أنصارها، طبقاً لتقارير المراجع العام. وهناك الكثير من الأسرار عن الاعتداء علي المال العام مما يستوجب أي نظام مقبل الكشف عنه ومنه :

تفاصيلٍ الأموال المنهوبة،

تحديد المسئولية الفردية لقيادات الجبهة وحزبها عن الأموال الضائعة،

محاكمة المتهمين لينظر قضاء مستقل فى استيلاء على المال العام واستعادة هيبة الحكم وثقة الشعب بالدولة.

يمثل البنك الدولي أكبر هيئة مالية تُعني بإعانة الدول علي إصلاح الأحوال

---

[17] تقرير المراجع العام. (2009) دورية حقوق الإنسان السوداني، العدد 29، أبريل 2009.

المالية وضبط الأداء المالي. وقد عكف في الحقبة الأولي من القرن الحادي والعشرين علي ابتعاث الخبراء واللجان المختصة للكشف عما يعتري الخزانة العامة في البلدان النامية من عجزٍ وإفلاس. هذا علي الرغم من تدفق الإيرادات العالية بمصادرها القومية من الضرائب بأنواعها والخارجية من منح وقروض. وبالرغم من وجود هذه الوكالات الدولية التي تعني بدراسة الأوضاع المالية والاقتصادية للدول فإن صندوق النقد الدولى والبنك الدولى لم يتمكنا من إخفاء الفشل الذى مُنى به اقتصاد السودان والثقوب الخطيرة التى تعتريه فيما يختص بالمال العام وإدارة إنفاقه. هذا على الرغم من الطفرة الكبيرة التى جاءت بها إيرادات النفط للخزينة العامة فى السنوات الأخيرة. وظاهرة التسيب والفوضي المالية هي أكبر أسباب الغلاء الفاحش والعجز المؤلم في دفع المرتبات والفشل في توفير الاعتمادات اللأزمة لتحقيق السلام والحفاظ علي استقرار البلاد. والحديث عن إعادة تأهيل البنيات الأساسية في مجالات الطاقة ومرافق الرى والطرق القومية مع زيادة استغلال البترول السوداني والاهتمام ببرامج التنمية الاجتماعية ومناهضة الفقر، والعناية ببرامج تنمية الموارد البشرية وبناء القدرات لمواكبة المتغيرات العالمية والاستعداد لمتطلبات العولمة. وفي العام 2003، بلغ عجز الموازنة بما قدره 21 مليار دينار بنسبة 3% من اعتمادات الانفاق العام، بنقصان قدره 4 مليار دينار عن العجز المقدر عام 2002. وزاد هذا العدز بنسبة 26% حتي مع ارتفاع عائدات النفط. والشعب الكادح تحمل بالشقاء وذلة العيش وبدون أي ذنبٍ جناه لجوء الحكومة للإستدانة بالعجز من بنك السودان وبالتالي تراكم العجز وفرض الضرائب وزيادة البطالة وتوقف الخدمات التعليمية والصحية والإسكانية ومشروعات التنمية المؤثرة بالعائد السريع الملموس. وكل العجز ناتج من تبديد الحكومة للمال العام ومعه تلاشت وعود النظام بإسعاد الشعب بالدولة

الصالحة حسب فكرهم السائد وشعارات الإهتمام ببرامج التنمية الاجتماعية ومناهضة الفقر والعناية ببرامج تنمية الموارد البشرية وبناء القدرات لمواكبة المتغيرات العالمية والاستعداد لمتطلبات العولمة.

ومن ملاحظات ديوان المراجعة عن الحسابات الختامية للحكومة الاتحادية لعام 2002:

عدم وجود ربط لعدد من الشركات والمؤسسات والهيئات مثل الهيئة القومية للغابات وهيئة سكك حديد السودان والهيئة العامة للارصاد الجوية.

دفع مبالغ مباشرة من الهيئات إلي جهات، دون توسيط حساب الحكومة الرئيس وبدون استخراج تصديقات لها ومنها 100 مليون دينار لرئاسة الجمهورية.

لم يوجد حساب أو مستندات ليراجع ديوان المراجع العام كيفية التصرف في هذه الأموال. وهذا دليل خطير علي التسيب في الانفاق للمال العام وفساد الحكومة ورئاستها وتسترها علي هذا النهب بإخماد صوت وزارة المالية. ومنعت الاشارة إلي مناقشة هذا النهب ورفض أي مناقشة عن كيفية استعادة المال العام المنهوب وتحريم الحوار في المجلس الوطني ولو همساً. طالب ديوان المراجع العام بعدم التوجيه بدفع مبالغ من الشركات والمؤسسات والهيئات مباشرة إلي الجهة المستفيدة علي أن يتم ذلك بعد تحصيل المبالغ ثم الصرف وفقاً للاجراءات المتبعة بوزارة المالية. ولكن رئاسة الجمهورية ومحاسيبها واصلوا استلامهم للمال العام بالسلطة على مؤسسات الرقابة وفي مقدمتها ديوان المراجع العام. كانت المعلومات عن ايرادات النفط دائما متخبطة وتقرير المراجع العام عام 2006 يقرر أن إجمالى عائدات البترول من الصادر والمحلى بلغ 741 مليار دينار، ويشكل هذا الرقم نسبة 82% أو 47 مليار دولار من إجمالى الايرادات القومية، ونسبة 48% من الايرادات القومية والخارجية

الكلية لعام 2006. وما يهم المواطن هو كيفية تم توزيع هذه المليارات علي الانفاق العام. وبعد اتفاق نيفاشا 2005 كانت تتمثل في مستحقات حكومة الجنوب المحُولة لها سنويا بما فيها نصيب ولاياتها المنتجة للبترول. أورد تقرير ديوان المراجع العام أن مؤسسة البترول قامت بخصم مبلغ 85 مليار دينار من إجمالي المبيعات المحلية، وتشمل مبلغ 43 مليار دينار عمولة المؤسسة العامة للنفط ومديونيات عمولة بنسبة 5% ودعم ومتبقى مديونيات الوحدات الاستراتيجية، ومديونية الشركة الصينية، وقيمة وقود لجهات مختلفة. لم تتوفر المعلومات الضرورية للمراجع العام من وزارة المالية بصورة دقيقة عن انفاق وحدات حكومية عديدة للمال المخصص لها واضطر لتقديرها لأقرب إحتمال. وظل الديوان يحاول حسب مسئولياته الدستورية ليعرف وبكل الدقة المعلومات الآتية :

ما هي عمولة المؤسسة العامة للنفط ؟

ومن يأخذها وممن ومقابل أى أعمال قانونية ؟

ولمن تذهب مديونية 5% من مليارات العوائد المحلية ؟

ما هى الوحدات الاستراتيجية التي تدعم من المبيعات المحلية؟

فيم تنفق المليارات المتدفقة علي المال العام؟

هذه أسئلة لم ترد عليها وزارتي الطاقة ولا المالية مع أنها تتناول مبالغ بمئات الملايين من الدولارات والعملات الصعبة الأخري. وهناك حقائق مخيفة عن مستويات إمتصاص أموال مما يثبت من تقارير ديوان المراجع العام في أن الشعب السودانى يدفع كل عام لحكومة الجبهة ومؤتمرها الوطنى الحاكم مالا يقل عن 55% مما يدخل الخزانة العامة من ايرادات قومية سنوية. وهناك نسبة كبيرة تدخل الخزانة من عائدات البترول تمثل في المتوسط حوالى 45% من إجمالى الايرادات. ولكن عائدات النفط غير ثابتة حسب ما أثبتته الأزمة

الاقتصادية العالمية وتخضع للعرض والطلب وتقلبات السوق العالمي والجودة وشروط المستثمرين. وقد أضعف النظام بجشعه ولهاثه وراء السمسرة فرصة الوطن في افضل صفقات ممكنوأصم " أذنيه عن نصائح الخبراء الوطنيين الحادبين علي حقوق الوطن. وتهالك جريا وراء المصالح الحزبية الضيقة تحت أقدام الشركات الصينية والعربية والأسيوية المستغلة لثروة السودان بشروط مجحفة.

يظهر الجدول التالي بيان المحصل الفعلي لبنود ايرادات المالية حسب الربط المقرر على الضرائب والجمارك ورسوم الخدمات مما يدفعه الشعب السوداني للحكومة :

التغير	المتحصل الفعلي	السنة
	709765	2003
23.9	932332	2004
16.7	1118900	2005
27.7	1546800	2006
15.2	1825000	2007

(المرجع : تقارير ديوان المراجع العام 2008)

واضح من الأرقام تحميل الايرادات العامة علي كاهل المواطن السودانى المثقل بالضرائب والجمارك والرسوم الخدمية، وعدم تأثير نعمة العوائد النفطية في تخفيف العبء علي الشعب. وهذا يتمثل في اغداق المال للصفوة الحاكمة بصرف تبديدي للمال العام علي رئاستها ودفاعها وأمنها علي حساب حاجات الشعب للتعليم والصحة والتعويضات الزراعية وغيرها من الحاجات الأساسية للحياة، ودون صرف حقيقي علي مشاريع التنمية. بل إهدارها كما يحدث لمشروع الجزيرة العملاق القومي بأيدي حكام الجبهة وتجارها.

النمط الحكومي هو التحايل علي تسديد ما عليها من مرتبات للعمال والمزارعين

والمعلمين واساتذة الجامعات والمهندسين الذين تواصل الحكومة تشريدها لهم ولمئات الألوف من المفصولين من عام 1989. ولا توجد أي نسبة بين ما ينفقه الشعب علي الحكومة من جهة، وما تنفقه الدولة علي الشعب من جهة أخري.وما يُرصد في الموازنة العامة للتنمية الزراعية والاجتماعية والطرق والمبانى والمستشفيات لا يزيد عن 27% من اجمالي الدخل القومي علي أحسن تقدير ممكن، منها 2% فقط تعويضات الضرائب الزراعية و2% التزامات الموسم الزراعى في وطن قوامه الاقتصاد الزراعي.

في اجتماع لمجلس التخصصات الطبية وردت شكوي من إهمال بعض الإختصاصيين لنمط تدريب النواب بالمستشفيات[18].لم يتمالك ممثل نوّاب الاختصاصيين الذي حضر الاجتماع نفسه من الإنخراط في بكاء حار وهو يشرح الحالة التي وصلوها من انعدام الاهتمام والتأهيل. وكشف عن مصاعب جمة يواجهها وزملاؤه في بعض المستشفيات بينها إنعدام المكتبات وقلة الأسرة وتذمر زملائه بمستشفى الشعب جراء عدم صرفهم استحقاقاتهم المالية لثلاثة أشهر.بكاء الطبيب كان عجزاً بسبب اجحاف إداري في توفير لوازم المستشفي. رصدت الميزانية التي أجيزت للعام 2010 مبالغ أقل من احتياجات خدمات المواطن الأساسية. وقد خصصت للصحة من جملة الميزانية مانسبته 4,8% وللتعليم 5.04%. نسبة المبالغ المعلنة المخصصة للأمن والدفاع بلغت 60.60%. والحقيقة أنها تجاوزت 72% في أدني التقديرات. وبمقارنة نسبة التعليم والصحةمعاً فقد كانا أقل من النسبة التي خصصت لرفاهية القطاع السيادي والتي بلغت 10.30%. هذه أرقام لا تحمل منطق اقتصادي. التبرير الذي أتي من وزير المالية عوض الجاز هو قوله للنواب الذين انتقدوا الميزانية هو أن **الصرف على الأمن مبرر**. والبلاد بحاجة ماسة إلى أعداد كبيرة من

[18] صحيفة الأحداث 20 نوفمبر 2009،

القوات في دارفور إلى حين إستقرار الأوضاع.هذا القول كان متناقضاً مع تصريح نافع على نافع أن الحرب في دارفور إنتهت. ولكن بند الأمن والدفاع ظلا يشكلان النسبة الأكبر في الميزانية طيلة العقدين الماضيين لأن الإنشغال كان بتثبيت أركان السلطة. الحياة البشرية كانت الأرخص والأبعد عن البال وهذا يتضح من ضعف أموال الرعاية الاجتماعية. في ظاهرة كان ضحاياها أطفالاً أبرياء ومسرحها دار رعاية الأيتام بالمايقوما أو الأطفال فاقدي السند سجلت وفاة 74طفلاً في شهر سبتمبر 2009 وحده بسبب الاهمال وسوء التغذية[19]. ونقص الاعتمادات اللازمة لهذه المؤسسات الضرورية والمعاناة الانسانية كان يقابلها الاغتراف من الأموال العامة بدون حساب. علي سبيل المثال لم تكن رئاسة الجمهورية تفصح عن نفقاتها العامة وكأنها ملكية خاصة. والحكومة الاتحادية الممثلة في وزارات السيادة من الدفاع والداخلية والأمن ومؤسساتها الاستراتيجية التي تعني مليشيات الدفاع الوطني باهظة التكلفة ومخصصة لحراسة ممتلكات الجبهة ولإرعاب المواطنين الأبرياء في دارفور والأقاليم الأخري. وهي تستأثر بأكثر من 70% من الدخل القومي.

وتفننت الحكومة في ايجاد قنوات التهرب من تسديد ما تنزعه من الخزانة العامة بلا محاسبة تذكر، مع إطباق الصمت علي وزارة المالية كي يتواصل نهب المال العام بالشيكات المرتدة بملايين الدولارات حسب تقارير ديوان المراجعة، وتجاهل متأخرات تقدير الضريبة علي الشركات العامة، وعدم الأخذ بالميزانيات المُراجعة والتي تحسّم بالاستئناف أو الاجراءات القانونية. وتمنح الحكومة بعض شركات الحزب ووكلائه في الخارج خاصة الصين وماليزيا والخليج إعفاءات ضريبية موسعة استناداً علي قانون تشجيع الاستثمار لعام 1999، الذي تم تعديله ولائحته التنفيذية عام 2000 بعد تدفق عائدات

---

[19] الأحداث 18 اكتوبر 2009.

البترول لتغطية نهب أموال الشعب. ومن السمات المزمنة موازنة حكم الجبهة العجز الدائم في موازين المدفوعات بالرغم من الطفرة المؤثرة في عائدات النفط، مع ملاحظة الثمن الرخيص للمبيعات البترولية السودانية مما أثار تساؤل البنك الدولى في تقريره عام 2007 عن مناهج إنفاق المال العام في السودان. وكذلك من أكبر العيوب هي الموازنة العامة التي استمرت بلا إصلاح لمدة عشرين عاماً، منذ يونيو 1989.وأهم سماتها تقليل الصرف علي التنمية القومية واهمال الحاجات الأساسية والتنموية لدارفور مثلاً وأنصبة الولايات الأخري خلاف الخرطوم والحكومة الاتحادية وحكومة الجنوب. هذا تسبب في عجز القطاعات الحيوية عن التنمية الاجتماعية كالصحة والتعليم ومشاريع الاسكان وحاجات المدن والقرى لمياه الشرب والمراعى والحدائق والمكتبات العامة. وقد حان الوقت لعمل موازنة سليمة حيث يجب أن تضع في المقدمة تحقيق أهدافها القومية بحقٍ لا بالنهب والنصب أوالاحتيال والتفنن في الاستيلاء علي المال العامهي خطوة لا بد أن يتفق فيها ديوان المراجع العام كمُصّحح ومُقوم دستورى للانفاق علي الخزينة العامة بنص الدستور، مع أدق التوصيات الفنية الوطنية من الأكاديميين والخبراء الوطنيين والمؤسسات العالمية المختصة. فلقد إنكشف الغطاء تماما عن عبث الحكومة المالي. فلاخير في ادارة المال العام من الأخوان المسلمين، أو الجبهة القومية أو حزب المؤتمر الوطنى.

الخطوات المطلوبة للإصلاح الاقتصادي والمالي للبلاد من أى حكومة قادمة لا بد أن تشمل :

إنصياع رئاسة الجمهورية والحكومة من وزارات ومصالح ومصارف ومؤسسات لتعليمات ديوان المراجع العام بفتح الحسابات ومسكها وتنظيمها ومراجعتها حسب القوانين.

محاسبة المتلاعبين بأموال الشعب حساباً دقيقاً وعلي رأسهم عمر البشير

بحساب رئاسة جمهوريته غير الخاضع لوزارة المالية بمئات الملايين من الدولارات المتراكمة، مع ما يتمتع به نائبه علي عثمان محمد طه والمحاسيب في وزارة الدفاع والأمن والنفط وحكومة العاصمة القومية والولايات ومحلياتها من أموال لم تخضع لمراجعة ديوان المراجع العام.

الالتزام التام بالنصائح والتوجيهات التي تقدمت بها في حيدة الخبرة الوطنية السودانية ممثلة في دراسات المؤتمرات الاقتصادية والمذكرات الحزبية من المعارضة لوزارة المالية وغيرها من جهات الاختصاص المالي والاقتصادي بالبرلمان، عبر الاعلام والصحافة.

تطبيق ما ينفع الوطن وإنفاقه العام وإدارته حسب توصيات التقارير الإقليمية والدولية.

راجع البنك الدولي الانفاق العام مع لجان مشتركة مع الحكومة عام 2007 وتوصل بعد فحص دقيق إلي ضرورة الاجراء الفورى لتحقيق موازنة معقولة لأموال السودان. كما كشف ديوان المراجع العام الكثير عن سمسرة بالمال العام مع شركات في الداخل والخارج.

كانت شهادة من البنك الدولي عن الأداء بعد غياب عن السودان دام أكثر من عشر سنوات مدونة في تقرير الرقم SD -414840 المعنون **مراجعة الإنفاق العام فى السودان**. وقد عاين الاقتصاد فى سياق وضع سياسي وأمني مازال هشاً ومعقداً وخضم تشكيل رؤية لا مركزية للمالية العامة كأحد جوانب الأوجه الأساسية لإقامة سودان موحد ينعم بالسلام. وهذا يحمله فى ثناياه معالجة لأوجه التفاوت والتباين والأسباب الجذرية للصراع. وتناولت روشتة البنك الدولى لإصلاح الإنفاق العام وتحسين الشفافية والمساءلة عن النتائج المترتبة عن استغلال النفط الذى من تحسن في الثروة القومية. ولكنها عددت وجود ضغوطاً إضافية للإنفاق وأوصت بإجراء إصلاحات أساسية على

صعيد المالية العامة لضمان الاستقرار. وذكرت عوائق محدودية المعلومات وضرورة رصدها وانتقد البنك المساق الاداري والنزاعات النفعية الذاتية.

وبَين ً أن السودان لم يستفد من الزيادة التى طرأت على أسعار النفط العالمية في عام 2008وأرجع ذلك إلى أن قسما كبيراً من الإنتاج الخام الحالى هو ذو نوعية منخفضة وأسعار زهيدة على نحو غير متوقع.

التحليل الذي اشتمل عليه تقرير البنك الدولى ناقش إنفاق الحكومة الاتحادية لما يزيد عن 60% من إجمالى المال العام، بعد خصم حوالى 30% من المال تخصص لحكومة الجنوب بموجب إتفاقية السلام الشامل. وما يتبقى موارد لا يفي بحاجة الولايات وهناك قسط ضئيل للطرق والتعليم والصحة بسبب تخصيص القدر الأكبر كاعتمادات للدفاع والأمن وهي تقدر ب 70% من إجمالي الدخل القومي. والحقيقة أن مصداقية الموازنة تواجه معوقات كبيرة بسبب ضعف امكانيات تقدير التكاليف وأولويات السياسات القطاعية أثناء عملية إعداد الموازنة. هذا بالاضافة إلي التقلبات التي تشهدها عملية تنفيذها. وهناك انحرافات في الانفاق عن الموازنة المعتمدة منذ عام 2000، وقد شهدت موازنة عام 2006 معدل تنفيذ منخفض نسبته 87% نتيجة لقصور العائدات النفطية.والتمويل الإنمائى مكون أساسي في تنفيذ اتفاقية السلام الشامل والحد من الفقر، إلا أنه اتصف بالتقلب والتركيز علي عددٍ قليلٍ للغاية من الأنشطة كبيرة الحجم. وخلص تقرير البنك إلي أنه بالرغم من الجهود التي تبذلها السلطات المختصة فإن أنظمة ادارة الشئون المالية العامة في السودان تتصف عموماً بالضعف.وهذا التقييم كان من أكبر مؤسسة للتنمية الدولية عن الإنفاق العام في السودان خيب الآمال، وكان يجب ألا يمر دون وقفة تحليلية جادة. فلقد أثارت الكتمان المضروب من الحكومة حول صفقات النفط مساءلات متواصلة في المجلس الوطنى ولكن لم تجد اجابات شافية عليها.

البيانات تؤكد أن مساهمة عائدات النفط تمثل حوالي المتوسط 45% من دخل الخزينة العامة ولكن ذلك يكشف حقيقة أن القسم الأكبر من العائد المالي يضخه دافع الضرائب فى أيدى الحكومة سنويا ً، سواء كان من المواطنين أو من وحدات القطاع الخاص. وذلك عن طريق الضرائب العالية والعوائد الجمركية والمرتبات المنخفضة للقوى العاملة يُعّد مكونا ً رئيسا ً من الموازنة العامة. هذا بالرغم بالرغم عن الإنفاق المتدنى على التعليم والصحة والتعويضات الزراعية أو مشاريع الدخل السريع لإزالة الفقر فى المناطق المهمشة خاصة. تؤكد الأدبيات في مواقع كثيرة أن صفقات النفط هى كبد الأنظمة الشمولية ولا يسهل إنتزاع

مواردها عنها. وحتي إذا غادر النظام وحزبه فتكون أسرار النفط بأجمعها في قبضته. ولن يبقي إلا شركائه أي الصين وغيرهم من الآسيويين ومنهم قطر والباكستان وماليزيا والهند. ولكن مع عدم وجود بيانات ولا أرشيف أو وثائق

فسيكونون موضعاً للمساءلة أمام السودانيين والعالم لما جرى من معاملات وسمسرة فى نفط السودان.

بعد مرور أربع سنوات على الاتفاقية مازال هنالك الكثير من الأمور العالقة. فالحكومة القومية تنشرأرقاماً عن إيراداتها من صناعة النفط. لكن المشكلة هي أنه لا يمكن لحكومة الجنوب أو للمجتمع المدني التحقق من مصدقية هذه الأرقام. والجنوبيين الذين تحدث إليهم الباحثون من مؤسسة الشاهد الدولي يشتبهون في أن الأرقام غير صحيحة[20]. وحتى البنك الدولي قال أن الشفافية في قطاع النفط في السودان ضعيفة بصورة غير عادية بالمقارنة مع غيره من البلدان النامية المصدّرة للنفط. وتتحول الصورة إلي أنها غير شفافة علي الاطلاق. وحقيقة أن حكومة الجنوب غير قادرة على التحقق من أرقام عائدات النفط التي تنشره حكومة الخرطوم تؤجج مشاعر الريبة وعدم الثقة بين الجانبين اللذين لا يثقا ببعض. وتعتبر الدقة في احتساب حصة الجنوب من عائدات النفطأمراً بالغ الأهمية فالنفط يشكل نسبة 98% من دخل حكومة الجنوب، أي أكثر من نسبته في دخل أي حكومة أخري في العالم. وجنوب السودانهو من أكثر الأماكن فقراً في العالم. فإذا صمدت اتفاقية السلام وكانت الثروة النفطية تدار بشكل صحيح، فإن ذلك يمكن أن يؤدي إلى تحسن في نمط معيشة الناس في الجنوب.

احتشدت الجيوش علىجانبي الحدود وخلال النزاع الذي دام ٢٢عاماً بين شمال السودان وجنوبه لقي الملايين مصرعهم واضطر أربعة من كل خمسة أشخاص في الجنوب للفرار من منازلهم في وقت من الأوقات. هذه النمطية لا تبعد كثيرا عن المنهج الستاليني في أن قتل فرد هو مأساة، أما قتل الملايين

---

[20] Global Witness.

فهو بيانات إحصائية[21].

وفي الحالات التي تكون فيها الموارد الطبيعية هي التي تؤجّج النزاع، من المهم لها أيضاً أن تلعب دوراً في إعادة البناء بعد انتهاء النزاع. وقد ساعدت اتفاقية السلام الشامل في السودان في التأكيد على أن عائدات النفط في البلاد سيتم تقاسمها بصورة أكثر إنصافاً بين الشمال والجنوب. إلا أن هذه الاتفاقية تبدو معرّضة لخطر الانهيار. وما لم يتم تبديد الشكوك القائمة حول تقاسم النفط، فإن العنصر الذي ساعد على ضمان السلام يمكن أيضاً أن يؤدي إلى إجهاضه. ويجب على الجهات الفاعلة أن تتدخل وإلا فإن الإنجاز التاريخي الذي تحقق في اتفاقية السلام سيتعرض للانهيار وستعود البلاد إلي القتال من جديد.

الأرقام التي نشرتها الحكومة حول عائدات النفط لا تتطابق تلك التي وردت من مصادر أخري. والمنظور أنه في العام 2011 سينتهي اتفاق تقاسم الثروة، وسيجري استفتاء عام حول استقلال الجنوب عن الشمال. ولا بد من إبرام اتفاق جديد حول تقاسم الإيرادات سواء كانت نتيجة الاستفتاء هي الاستقلال أو الإبقاء على الاتحاد. وإذا كانت النتيجة هي الاتحاد فسيحتاج جنوب السودان لتخصيص حصة عادلة له من إيرادات البلاد. وإذا كانت النتيجة هي الاستقلال فالدولة الجديدة ستكون محصوراً برّاً وتعتمد على مرافئ الشمال لتصدير نفطها. هذا ما يمكن أن يرفضه النظام أو أن يفرض تكاليف تعجيزية للقيام به. وإذا كان لا بدّ من تصدير النفط من الجنوب، ينبغي أن يكون هناك نوع من التعاون مع الشمال. وعلاوة على ذلك سيكون هناك شكل من أشكال التقاسم الواقعي للعائدات بين الشمال والجنوب حتى ولو كان

[21] A single death is a tragedy; a million deaths is a statistic. Joseph Stalin (1879-1953).

في صيغة رسوم لخطوط الأنابيب. والعودة إلى القتال يبدوأمراً عالي الاحتمال أو مرجحاً .

الأرقام التي تحدّ د الإيرادات التي يتم سدادها إلى حكومة جنوب السودان. فإتبيّن ّ أن النتائج المذكورة صحيحة وأن الأرقام التي نشرتها حكومة الخرطوم في عام ٢٠٠٧ أظهرت، على سبيل المثال، خفضت العائدات الحقيقية بنسبة

	أرقام الحكومة السودانية عن حجم الصادرات النفطية	إجمالي القدرة الاستيعابية لجميع الناقلات التي رست في مرفأ تصدير النفط الخام في بورسودان	النسبة المئوية التي كانت بها القدرات الاستيعابية للناقلات أكبر من أرقام الحكومة
٢٠٠٦	٩٠,١ مليون برميل [٢٥٢]	١٠١,١ مليون برميل	٪١٢
٢٠٠٧	١٣٧,٨ مليون برميل [٢٥٣]	١٦١,٠ مليون برميل	٪١٧
٢٠٠٨	١٣٥,٢ مليون برميل [٢٥٤]	١٦٠,٦ مليون برميل	٪١٩

١٠ ٪ فإن ذلك يعني أن حكومة جنوب السودان يحق لها مبلغ إضافي قدره ١٦٢مليون دولار عن العام 2008. وهذا يشكل مصدر قلق واضح، ويبرز الحاجة للتحقق من أرقام عائدات النفط من قبل أطراف مستقلة. وقد كشفت النتائج التي توصل إليها هذا التقرير أن كمية النفط التي تقول حكومة الخرطوم بأنه تم إنتاجها في المربعات ١ و٢ و٤ في عام ٢٠٠٧ كانت أقل بنسبة ٩٪ مما جاء في التقرير السنوي للشركة التي تعمل في هذه المربعات وهي شركة الصين الوطنية للبترول. وبمقارنة أرقام إنتاج النفط المنشورة عام ٢٠٠٧ في التقرير السنوي للشركة الصينية التي تشغل هذه المربعات مع الأرقام التي نشرتها وزارة المالية القومية نجد أن التقرير السنوي للشركة ينص علي أن الإنتاج اليومي للنفط بقي عند مستوى ٢٧٠,٠٠٠ برميل. ولكن أرقام وزارة المالية توضح أن الحد الأدنى للإنتاج في عام ٢٠٠٧ هو ٢٣٠,١٣٠برميلاً يومياً في نوفمبر والحد الأقصى هو ٢٥٦,٢٧٣برميلاً يوميا في مارس. وهذا معناه أن الشهر الأكثرإنتاجية وفقاً لبيانات الحكومة كان أقل

إنتاجية من الرقم الذي نشرته شركة الصين الوطنية للبترول في متوسط العام
٢٠٠٧. وبيانات وزارة المالية في الخرطوم تقول أن إنتاج النفط كان بمعدل
٢٤٥,٦١٤ برميلاً في اليوم. وهذا الرقم أقل بنسبة ٩٪ من الرقم الذي قدمته
الشركة التي قامت بتشغيل المربعات النفطية. غير أن هناك بيانات أخري
ترسم صورة مختلفة. وهذه البيانات تأتي من عرض توضيحي لبيانات شركة
النيل وهي ليست نشرة رسمية للشركة ولكن تواريخ بيانات إنتاج النفط لم
تكن مذكورة.

كان إنتاج النفط ٤,٨٢ مليون برميل شهرياً كما نشرته وزارة المالية القومية
عن نفس المربعات ولكن بيانات الشركة حددت الإنتاج فيها بأكثر من ٦
ملايين برميل شهرياً. والمعلومات عن الإنتاج في واحد من حقول النفط كانت
مفقودة في بيان الإنتاج من الكونسورتيوم النفطي. ولكن لكي نجعل مجموعتي
الأرقام تتطابقان سيكون علينا أن نزيد أرقام إنتاج الحقل المفقود بنسبة ٥٠
٪ فوق نسبة الحقل الأكثر إنتاجية بين الحقول المذكورة في القائمة، وهذا أمر
يبدو بعيد الاحتمال. ومن الغريب أن كمية إنتاج النفط المذكورة في عرض
الشرائح هي أقل من الكمية ينشر بنك السودان أرقاما حول مقدار النفط
المنتج والمصدر لكن في الوقت الحالي ليس من الممكن التحقق مما إذا كانت
هذه الأرقام صحيحة المذكورة في بيانات الحكومة، في حين أن إنتاج النفط في
التقرير السنوي للشركة الصينية الوطنية للبترول هو أكبر مما ذكر في البيانات
الحكومية. وهذا أمر يصعب تفسيره خصوصاً أن شركة الصين الوطنية
للبترول هي الشركة المالكة لأغلبية الأسهم في الشركة التي أعدت البيانات.
بيد أن المصدرين ليسا موثوقا بهما لأن أحدهما هو تقرير سنوي رسمي، بينما
الآخر هو مجرد عرض توضيحي غير رسمي. وبذلك فإن الرقم الذي نشرته
الحكومة عن كمية النفط المنتجة في المربعات ١ و ٢ و ٤ في عام ٢٠٠٧ هو

أقل بنسبة ٩٪ مما نشرته الشركة التي تعمل في هذه المربعات وهي شركة الصين الوطنية. والمعلومات هي عن كمية النفط المنتجة في مربعات شركة بترودار من التقرير السنوي عام ٢٠٠٧ حيث تقوم الشركة الصينية الوطنية للبترول بتشغيل المربعات ٨٨. وقد جرت مقارنة هذه المعلومات بالأرقام التي نشرتها وزارة المالية القومية عن المربعين ٣ و٨٩ إذ قال التقرير السنوي إن إنتاج النفط وصل إلى 107 ملايين طن متري. ونفس المعلومات تتكرر على صفحة السودان في الموقع الإلكتروني للشركة الصينية الوطنية ولكن دون أن يذكر السنة. وباستخدام كثافة النفط الخام السوداني المذكورة في الموقع الإلكتروني لإدارة معلومات الطاقة التابعة للحكومة الامريكية، فإن إنتاج النفط المذكور يعادل ٧٤٫٥ مليون برميل. ويُفترض أن هذا الرقم ينطبق على عام ٢٠٠٧ كما ورد في التقرير السنوي لعام ٢٠٠٧. وهناك قول أن إمكانية الإنتاج اليومية للمربعين ٣ و٧ ارتفعت إلى ٢٠٠٬٠٠٠ برميل في اليوم. وهذا لم يتفق مع البيانات الحكومية لأن هذه البيانات أشارت إلى الحد الأقصى للإنتاج بدلاً من رقم الإنتاج الفعلي. قالت وزارة المالية أن الإنتاج في عام ٢٠٠٧ من المربعين ٣ و٧ بلغ ٦٤٫٠ مليون برميل. وهذا رقم أقل بنسبة ١٤ ٪ مما ذكرته شركة النفط. أظهر ذلك تفاوت كبير بين أرقام الحكومة وأرقام الشركة عن مربعات النفط التابعة لشركة النيل الكبرى. هذا أثار تساؤلات عن مربع شركةبترودار عن أياً من الرقمين صحيحاً وما هي قيمة أموال النفط التي كان يجب تحويلها إلى حكومة جنوب السودان وإلى حكومات الولايات المنتجة.

كمية النفط التي تقول حكومة السودان بأنه تم إنتاجها في المربعين ٣ و٧ في عام ٢٠٠٧ كانت أقل بنسبة ١٤٪ مما جاء في تقرير شركة الصين الوطنية للبترول التي تعمل في هذين المربعين. وكذلك الحال بالنسبة لانتاج 1و 2 و4و

6 في عام ٢٠٠٥ كانت أقل بنسبة ٢٦٪ مما جاء في تقريرها السنوي. ولكن كمية النفط التي تقول حكومة الخرطوم بأنه تم إنتاجها في المربع الوحيد الذي يقع في الشمال ولا يخضع لتقاسم عائداته بين الشمال والجنوب كانت شبه متساوية مع ما أعلنته مع الشركة التي تعمل في ذلك المربع. وأسعار النفط التي تنشرها وزارة المالية لا تتطابق دائما مع الأسعار التي نشرتها الصحافة المتخصصة بصناعة النفط لنفس المبيعات[22]. وليس بإمكان حكومة الجنوب ولا المواطنين السودانيين التحقق من صحة عائدات النفط التي تستلمها الحكومة كجزء من اتفاقية السلام. والنظام هو الذي يجمع بيانات كمية النفط المنتج والسعر الذي يباع به.

ولا تشارك حكومة الجنوب في هذه العمليات وليس لها القدرة على التحقق من صحة عائدات النفط التي ترد من النظام في الخرطوم رغم أنها تشكل ٩٨٪ من إيرادات الجنوب. وتتحكم الخرطوم حصريا في تسويق النفط. وذلك يجعل من المستحيل على الجنوب التحقق من صحة الأسعار المعلنة من جانب الخرطوم عن مبيعات النفط. وأسعار بعض مبيعات مزيج دار عندما تم إنتاجه التجاري لأول مرة عام ٢٠٠٧ تثير الشكوك. في فبراير ٢٠٠٧، كانت هناك أربع عمليات بيع تراوحت أسعارها بين ١٥ و٢٣سنتاً للبرميل على الرغم من أن مزيج دار كان قد بيع في الشهر السابق بأكثر من خمسين ضعف هذا المبلغ. وفي بعض الأحيان باعت حكومة الخرطوم النفط عبر عطاءات مغلقة للشركات الصينية فقط. ولا يمكن أن تؤدي العطاءات المغلقة وصول أسعار النفط إلى مستويات السوق وهذا ليس في صالح جنوب السودان.

شركة النفط التابعة للحكومة القومية سودابت وشركة النفط التابعة لحكومة

---

[22] الشفافية في صناعة النفط في السودان : تأجيج مشاعر الريبة. تقرير جلوبال ويتنس، سبتمبر 2009.
http://www.globalwitness.org/media_library_detail.php/804/en

الجنوب نايلبت تم إنشاؤهما لكي يتولى نفس الأشخاص مسئولية بيع النفط وتنظيم مبيعات النفط. وهذا تضارب واضح في المصالح. ومع كل هذه المفارقات فإن حكومة الخرطوم تدين لحكومة الجنوب بعائدات نفط متأخرة تُقدر بملايين الدولارات. وبلغ مجموع المتأخرات التي لحكومة الجنوب حتى مارس ٢٠٠٩ مبلغ 180 مليون دولار أمريكي عدا المبالغ المستحقة لأبيي. وتحصل الصين على 5% من احتياجاتها من النفط الخام من السودان. والشركة الصينية المملوكة للدولة وهي الشركة الوطنية الصينية للبترول هي أكبر شريك في رأس المال في كل الحقول النفطية المنتجة في السودان. وهناك استثمارات ضخمة في التنقيب عن النفط وفي عمليات الحفر وخطوط الأنابيب ومرافق التصدير. لكن تجدد النزاع في جنوب السودان يهدد أمن الطاقة في الصين واستثماراتها. ومن مصلحة الصين أن تستخدم نفوذها في السودان للمساعدة علىالحدّ من مخاطر النزاع، بما في ذلك المساعدة على تشجيع وتنفيذ اتفاقيات السلام.

وانتاج النفط يمكن أن يكون أكثر مما يدعي النظام انتاجه. ورغم أن حكومة الجنوب تحصل على نصف عائدات النفط من آبار النفط في الجنوب فإن النظام يقتطع نسبة 3% كرسوم إدارية من العائدات المشتركة مع الجنوب. وهذا الرسم غير مبرر لأن النظام يتلقى أصلاً نصف العائدات من آبار الجنوب. ويتمأيضاً استخلاص رسوم عن خطوط الأنابيب. وفي أغسطس وسبتمبر 2008 تراوحت هذه الأموال بين 3-8% من قيمة نفط الحكومتين. وليسرواضحاً مَن يتلقى هذه الرسوم، هل هي الشركات التي تقوم بتشغيل خطوط الأنابيب أو الحكومة في الخرطوم أو كلاهما. وشركة النفط المملوكة للدولة وهي سودابت تمتلكحصصاً في جميع المربعات ولا تتقاسم أرباحها مع الجنوب. وقيادة حكومة الجنوب تتهم النظام بالغش في عوائد النفط وتهدد بالانفصال في كل خطاب يلقيه أحد مسئوليهم. وشركات النفط تستخدم

شركات الخدمات النفطية التي تأتي من شمال البلاد والتي يُعتقد أن لها صلات بالحزب الحاكم في الخرطوم. وطالبت اتحادات النفط بتكاليف تشغيل هذه الشركات. وكلما ازدادت هذه التكاليف كلما قلّت الإيرادات المتبقية التي يتوجب تقاسمها بين الحكومتين. فإذا كان صحيحاً أن شركات الخدمات مرتبطة بالحزب الحاكم، فإن حصة عائدات النفط التي تذهب إلى الشمال هي أكبر مما هو محدّد في اتفاقية السلام. ويستخلص أنه لا توجد رقابة كافية على عائدات النفط من قبل الحكومة المركزية وحكومة الجنوب وحكومات الولايات. وفي جنوب السودان لا يوجد مراجع عام رغم أن هذه الوظيفة مطلوبة بموجب الدستور. كما لا توجد رقابة كافية على ملايين الدولارات من أموال النفط التي يتم نقلها إلى الولايات المنتجة للنفط. وهناك القليل من الأدلة المرئية على كيفية إنفاق هذه الأموال. وسعر مزيج خام دار وهو النفط الذي تنتجه شركة بترودار في المربعين ٣ و٧ أثار الشكوك عندما تم إنتاجه لأول مرة في عام ٢٠٠٧ بسبب الاشتباه بأن الأسعار التي نُشرت لم تكن هي الأسعار الفعلية. كان رأي البنك الدولي أن أسعار مزيج دار كانت منخفضة بشكل غير متوقع عندما تم إنتاجه لأول مرة. وقد بيعت أول شحنة منه ب ١٤٫٣٨ دولاراً للبرميل، في الوقت الذي كان مزيج النيل يباع مقابل ٤٩٫١٦ دولاراً للبرميل. وحدثت أربع عمليات بيع لمزيج دار في فبراير ٢٠٠٧ تراوحت أسعارها بين ١٥ و٢٣ دولاراً للبرميل علي الرغم من أن مزيج دار كان عالي السعر عالميا. وأشارت تقارير المراجع العام أن هناك عشرات الملايين من الدولارات وصلت إلي يد رئيس الجمهورية البشير دون حساب لها فى وزارة المالية. مجموعة الشفافية الدولية عقبت علي تقرير البنك الدولي، أن الحكومة المنتخبة بين 1986-1989 واجهت كثيراً من المشاكل الموروثة من نظام نميري بين 1969-1985. ولكن النظام الرئاسي وحكم الفرد الذي واصل به النظام في السودان

أعاد انتاج نفس الآثار السالبة في الإنفاق العام. والاعتمادات المالية المتدنية أفقرت الشعب وجذرت الفاقة والإذلال ولا سيّما للغالبية العظمى من فقراء المزارعين والعمال وموظفي الدولة. وظلت قيادات النظام من خلال الحزب الحاكم تمارس إنفاقاً متسيباً بلا قيد مما انتفخت به شركاتها في القطاع الخاص من الأموال العامة. وأثري أنصارها بلا حق أو استحقاق.

ما يذكره البنك من **سلوكيات الربح والنزاعات النفعية الذاتية** تدعمه تقارير ديوان المراجع العام عن عشرات الملايين من الدولارات لا مرجع لها في وزارة المالية. والحكومة الاتحادية لها أكبر نصيب من الإنفاق العام بغض النظر عن التحسن النسبي له في الجنوب والولايات الشمالية. ولكن حكومة الخرطوم لا تمد الولايات بتدفقات تمويلية كافية تبعا لسياسة النظام بالاحتفاظ بأكبر قدر من الأموال العامة في يد الرئيس ونائبه علي عثمان والوزراء الاتحاديين لوزارات النفط والمعادن والدفاع والأمن. هذا فوق كل احتياجات الولايات كي تنجز عملها وتشجع قطاعاتها الإنتاجية وتحسن التعليم والرعاية الصحية وتوفر حياة أفضل لريف السودان. واستقراء نتائج فشل الدولة في الادارة المالية واضحا في أحداث بيع مشروع الجزيرة القومي والمصانع والسكك الحديدية ورد الفعل من الاضراب المفتوح لكل جامعات القطر ومؤسسات تعليمه العالي في مواجهة عجز الحكومة عن دفع المرتبات وغيرها من مستحقات العاملين المالية. وهي تكفي لتقييم الأزمة المتأصلة جراء سياسات النظام التي عادت بأسوأ النتائج علي اقتصاد القطر لأربعة وعشرين عاماً متصلة.

11. المراجع

1. Ahmed, I. (1987) The Concept of an Islamic State: An Analysis of the Ideological Controversy in Pakistan. London: Frances Pinter.

2. History and Illusion in Politics. Cambridge University Press.

3. Moore and Shellman (2004) Fear of Persecution. Journal of Conflict Resolution 48(5) 723-745.

5. Said, A. (1979) Precept and practice of human rights in Islam. Universal Human Rights. 1: 63–80.

6. Shapiro, I. (1986) Evolution of Rights in Liberal Theory: An Essay in Critical Anthropology. Cambridge University Press.

7. الاحداث 13 اكتوبر 2008.

8. الأحداث 18 اكتوبر 2009.

9. الاحداث 28 يناير 2008.

10. تقرير المراجع العام. (2009) دورية حقوق الإنسان السوداني، العدد 29، أبريل 2009.

11. الشفافية في صناعة النفط في السودان : تأجيج مشاعر الريبة. تقرير جلوبال ويتنس، سبتمبر 2009.
http://www.globalwitness.org/media_library_detail.php/804/e

12. الصحافة 18 مارس 2008.

13.الصحافة 27 سبتمبر 2008.

14.الصحافة 6 مايو 2007.

15.صحيفة الأحداث 20 نوفمبر 2009،

16.طارق البشرى (2009) الأحوال التاريخية لإقصاء الشريعة الإسلامية ولاستعادتها في الدول المعاصرة. في الإسلام والتطرف الديني. مكتبة دار الشروق الدولية، القاهرة.

17. عبد الوهاب الأفندي (2001) الإسلام والدولة الحديثة. دار الحكمة، لندن.

ABOUT THE AUTHOR

Issam AW Mohamed was born in 1955 in Kenoor, North of Sudan. He got his education in Cairo and Khartoum Universities for his university and master's degrees. He studied more in England and went to Nagoya Imperial University, Japan to study for PhD.

After getting his degree, he went back to Sudan to teach at the department of Economics at Alneelain University, Khartoum. The people know him in his country as Professor Bob with his critics of the regime and humanitarian acts and liberal thoughts.

Professor Dr. Issam AW Mohamed is affiliated to the department of Economics, Alneelain University, Khartoum-Sudan. He teaches econometrics, quantitative, International, micro and macroeconomics. He has hundreds of academics papers published domestically and globally in English, French and Japanese languages. Hundreds of post-graduate students studied with him for their Master and Doctorate degrees, many of them from other countries and other universities. His writings other than economics are on human welfare and economics of law, which represents milestone, especially in a country that suffers from totalitarian regimes since its independence.

www.ingramcontent.com/pod-product-compliance
Lightning Source LLC
Chambersburg PA
CBHW021923170526
45157CB00005B/2162
9781304278364